1年の要所が
わかる・見通せる

はじめての「通級指導教室」

12か月の花マル仕事術

特別支援教育の実践研究会・
喜多 好一 編

明治図書

はじめに

　「通級による指導を受けている児童生徒数の推移」（文部科学省資料）を見ますと，通級指導教室対象の子供が右肩上がりに増加しているのがわかります。全国の義務教育段階の全児童生徒数がここ10年間で10万人弱，約0.9％減少している中，通級による指導を受けている児童生徒数は，6.5万人から16.3万人へと10万人弱増えているのです。総数の割合で見ると，0.6％から1.7％となり，1.1％増です。

　また，対象のなる障害種で見ると，言語障害，弱視，難聴，肢体不自由及び病弱，心身虚弱は横ばいですが，ADHD，LD，自閉症が著しく伸びています。つまり，発達障害のある子供が数多く通級による指導を受けている現状が見えてきます。

　全国的に発達障害を対象とした通級指導教室の増加に伴い，特別支援教育の専門性を有した教員の採用，配置，育成が十分に追いついていない状況が続いています。現在，新規採用で配置される教員や通常の学級からはじめて配置される教員等，特別支援教育の経験のないあるいは浅い教員が，通級による指導にはじめて触れるケースが増えていると言われています。

　通級による指導の制度化については，平成5年に小中学校が，平成30年度に高等学校が，それぞれ導入され指導の充実が図られてきています。さらには，通級による指導の教員配置に関して，これまでの加配措置から基礎定数化が図られ，平成29年度より10年間かけて，子供13人につき1名の教員が配置されるようになりました。通級による指導が小学校から高等学校まで連続して受けられるようになったことで，円滑な指導の継続性が保たれるようになりました。

　通級指導教室では，通級による指導の制度上の整備が着実に進んできていることからも，これまで以上に通常の学級への適応を図りながら，自立と社会参加を目指した自立活動の指導に力を入れていく必要があります。

しかしながら，前述の実態もあり，学校現場では教員の専門性の担保と向上が大きな課題となっているところです。

　このような状況を受け，はじめて通級による指導を受けもつことになった教員が迷うことなく，子供の指導にあたり，日々の実践が積み上げられるような指南書として，本書『はじめての「通級指導教室」 12か月の花マル仕事術』を刊行することになりました。

　本書の冒頭には，小中学校の通級指導教室を担当されている先輩教師から，みなさんへの励ましが記載されています。通級指導教室の担当になった時の不安や苦労，試行錯誤の中で子供の成長した姿に触れた時の嬉しさ，喜びなど，通級による指導の魅力を存分に語ってくれています。ぜひ，お二人のエールを受け取ってください。また，新年度に向けた準備のチェックリストや４月の出会いのアイデア，さらには個別の指導計画に基づいた具体的な自立活動の指導例も紹介してあります。通級による指導は，通級する子供が在籍する学級との連携が欠かせませんので，そのアイデアもあります。12か月を通して，月ごとに必要な仕事をピックアップしていますので，そのつどページをめくっていただきながら参考にしていけるようになっています。ぜひ，本書をお手元において，日々の指導や通級指導教室の運営等に役立てていただけますと幸いです。

　執筆にあたっては，全国で活躍されている通級指導教室を担当している先生方から，選りすぐりの実践を紹介していただいています。ご執筆いただいた全ての皆様に心から御礼を申し上げます。

『特別支援教育の実践情報』編集部　喜多　好一

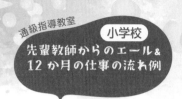

通級指導教室

小学校

先輩教師からのエール&
12か月の仕事の流れ例

通級指導教室担当教師の仕事は「子供中心の教育」が素敵

（山下　公司）

仕事のやりがい❶　究極の"個に応じた"教育

通級による指導は，通常の学級の授業の一部を替えたり加えたりする形で特別の教育課程が編成されます。内容としては，自立活動の指導が中心となりますが，特に必要がある場合には，障害の状態に応じて各教科の内容を取り扱うことが認められています。指導時数も年間35〜280単位時間（LD，ADHDの子供は年間10〜280単位時間）と流動的です。

ということは，子供に応じた教育課程を編成し，通級による指導を行い，子供の困りの解消に努めるということです。教科書はもちろん，定番の指導方法というものもありません。また，「これを教えなければ！」「ここまで終わらなければ！」というものが全くありません。何をどうすればよいか悩んでしまうかもしれませんが，これほどおもしろいことはありません。それがプレッシャーにもなるかもしれませんが，子供を中心に教育内容を考えることができるということです。これこそまさに"個に応じた"教育ではないでしょうか。

教材も，アセスメントをもとにした個に応じたものを作成します（もちろん市販のものも活用しますが……）。この教材を使うと，子供はどんな反応をするかな？と子供の笑顔を想像しながら，教材作りを行います。たまに夜なべして，無意味な時間短縮ばかり求める「働き方改革」なんてどこ吹く風。毎日ワクワクしながら仕事をしています。

仕事のやりがい❷　究極の "縁の下の力もち"

　通級による指導を受ける子供は，全員，通常の学級に在籍しています。そこで，通級による指導の目的の一つに，通常の学級での適応状況の改善が挙げられます。もっと簡単に言うと，通常の学級で自分らしさを発揮して，居場所感をもち，やれている感を味わって生活できることを目指しています。通級指導教室の役割は，通常の学級で子供が輝けるためのお手伝いです。とは言え，通常の学級で行うことをそのまま行ったり補ったりするものではありません。通級指導教室でしかできないことがあり，それを大事にすることで通常の学級での適応状況の改善を目指します。

　通級指導教室で学んだことを生かして，通常の学級で楽しく活動できたという話を子供から聞くととっても嬉しくなります。通常の学級での適応状況がよくなり，通級指導教室の利用頻度が下がってくることがあります。少し寂しいですが，それはとても喜ばしいことです。

仕事のやりがい❸　究極の "斜めの関係"

　子供の立場で考えてみると，通常の学級がメインであり，通級指導教室はおまけのようなものです。通級指導教室は，在籍があるわけではありません。学級担任と子供の関係は，教える側と教わる側ということで，ある意味主従関係にあります。しかし，通級指導教室は少し違います。子供にとっても保護者にとっても関係が薄い分，近所のおじさんのような関係でもあります。そんな関係の中でこそ，自分らしさを発揮したり，学級担任や保護者には言えないことを言えたりします。保護者の方も同様です。学級担任に言えないことを話してくれます。いわゆる "斜めの関係" です。子供や保護者の本当の思いを聞くことができ，その思いに応えることができます。これはとてもやりがいのあることだと思います。

はじめて先生へのエール

❶子供と一緒に考える姿勢を大事にしよう

　子供との関係を築く中で，子供のなりたい姿やできるようになりたいことが見えてきます。それは，子供自身の言葉かもしれませんし，行動や態度かもしれません。それをしっかりとつかみながら，子供と共同作戦を立てていってほしいと思います。

　過去の恥ずかしい話を少し書きます。通級指導教室担当になって１年目のことでした。なかなかお母さんから離れることができず，困ったことがあるとお母さんに抱きついたり，床に寝そべって泣いて騒いでしまったりする小学校２年生の男の子Ａさんがいました。私は，「困った時にはそれを表出してほしい。」という願いをもって，通級指導教室でも小集団で困りを表出する活動を行いました。しかし，なかなかうまくいかず，Ａさんは「嫌だ！」と床に寝そべって活動を拒否することが何度か続きました。私は困ってしまって，Ａさんに「なんでそんな風になるの？」と聞いてしまいました。Ａさんの答えは「それがわかれば苦労しない。」ということでした。私はその言葉にハッとさせられました。そうです。Ａさんは困っていたのです。すぐにＡさんに謝り，どんなことができるようになりたいかを改めて聞きました。すると，Ａさんは，「友達と遊びたい。」と言いました。そこで，まずはＡさんが困らないような活動を考えて取り組んでいきました。その後，少しずつ困る場面を設定し，表出を促す活動を行いました。Ａさんは現在大学生になり，青春を謳歌しているとのことです。

　「困りを改善しなければ」「何かを身につけさせなければ」という思いが強すぎると失敗します。子供の願いを把握し，子供と共に考える姿勢を大切にしてほしいと思います。そうすることで，子供は主体的になり，学びが深まっていきます。子供は絶対に学びたがっていますし，伸びたがっています。

❷オープンな通級指導教室を目指そう

　通級による指導は，通級指導教室担当教師個人に任される部分が多いため，独善的になりがちです。「通級指導教室って何をやっているの？」「遊んでいるだけでしょう？」と言われることもままあります。

　そこで，日頃から風通しをよくしておくといいと思います。子供の実態にもよるかもしれませんが，本校ではいつでもだれでも指導場面の見学等は大歓迎です。在籍学級担任が訪れることもあれば，保護者が自分の子供の指導を見学することもあります。教師を目指す大学生，通級指導教室に興味をもった他の学校の先生が見学に来ることもあります。

　そうすることで，他者からのフィードバックが得られます。率直に「なんで○○を彼に行ったのですか？」と聞かれることもあり，日々の活動を振り返ることができます。

　また，百聞は一見に如かず，指導場面を見ていただくことで，通級指導教室への理解も深まります。

❸事例研究を大事にしよう

　個に応じることが大事であることはすでに述べてきました。しかし，個に応じる場合には，どうアセスメント（個の実態把握）するかが重要になります。私は，アセスメントの力を鍛えるためには，事例研究が一番であると思っています。自分の子供の見取りを他者に伝えて，その見取りが適切であるかを複数で検討します。また，違った観点からの解釈も学びます。アセスメントからどういった支援が有効かも考えていきます。通級指導教室担当教師同士（仲間同士）の事例研究はもちろんですが，多職種での事例検討もとても勉強になります。私は，医療関係の事例検討にもたまに参加させていただきます。はじめは正直ちんぷんかんぷんでしたが，少しずつ参加者の言っていることが理解できるようになってきました。「自分が"わからない"ということ」を受け入れ，「わからない。」と表明し，周りからアドバイスをもらいましょう。

小学校　通級指導教室　12か月の流れ

月	今月の仕事チェックポイント
4月	・新年度の準備（教室環境整備） ・通級に関する書類の作成，提出 ・年間指導計画の作成 ・通級開始式／通級説明会 ・週ごとの指導計画の作成
5月	・在籍学級訪問（学級担任からの情報収集） ・保護者との面談（保護者からの情報収集） ・関係機関との連絡調整（関係機関からの情報収集） （・心理検査アセスメント） ・個別の指導計画の作成 ・校内支援委員会への参加 ・保護者との教育相談
6月	・在籍学級訪問 ・新規通級希望者への教育相談 ・在学校での校内研修会講師 ・保護者学習会開催 ・保護者との教育相談
7月	・在籍学級訪問 ・新規通級希望者への教育相談 ・在籍学級担任との交流会 ・保護者との教育相談 ・大集団指導 ・夏休みに向けて
8月	・しっかり夏季休業 ・事例検討会の実施 ・研修会参加 ・個別の指導計画の見直しの準備

> 昨年度中にあらかじめ準備していることもある。それを大いに活用しよう（3月に整えておくと4月にスタートダッシュできるかも）。

> チェックリストなども持参して説明すると，理解してもらいやすい。

> 通級による指導を休止することはしない。在籍する子供の事例をもとに話すと効果的。

> 夏休みの課題について，事前に在籍学級担任とやり取りし，課題を精選しておくとよい。

> 夏休み。時間があるからこそできることをする。しっかりと研修し，スキルアップも忘れずに！

9月	・在籍学級訪問 ・新規通級希望者への教育相談 ・保護者との教育相談 ・個別の指導計画の見直しと評価	・保護者懇談	前期の振り返りを，在籍学級担任と確認し，保護者懇談で，前期の子供の育ちを確認。後期に向けての目標再確認。
10月	・在籍学級訪問 ・学校行事の参観 ・新規通級希望者への教育相談 ・保護者との教育相談		学校行事は，いつもと違う子供の姿を見るチャンス！ 可能な範囲で準備も含め，参観しよう。
11月	・在籍学級訪問 ・新規通級希望者への教育相談 ・在学校での校内研修会講師	・保護者学習会開催 ・保護者との教育相談	
12月	・在籍学級訪問 ・新規通級希望者への教育相談 ・保護者との教育相談	・在籍学級担任との交流会 ・大集団指導 ・冬休みに向けて	
1月	・しっかり冬季休業 ・事例検討会の実施 ・研修会参加 ・次年度計画の草案作成 ・個別の指導計画の見直しの準備		冬休み。時間があるからこそできることをする。 そろそろ次年度のことも考え始める。
2月	・在籍学級訪問 ・新規通級希望者への教育相談	・保護者との教育相談 ・個別の指導計画見直し	
3月	・在籍学級訪問 ・新規通級希望者への教育相談 ・保護者との教育相談 ・個別の指導計画の見直しと評価 ・保護者懇談 ・次年度への引継ぎ		今年度の振り返りを，在籍学級担任と確認し，保護者懇談で，1年間の子供の育ちを確認。後期に向けての仮の目標再確認。

小学校　通級指導教室　12か月の仕事の要所

❶4月　週ごとの指導計画の作成

　週ごとの指導計画を作成する際には，他校通級の場合，保護者の送迎が原則になりますので，保護者の都合を事前に聞きとります。また，在籍学級での時間割も関係しますので，在籍学級にも確認します。その後，週ごとの指導計画を作成します。その際に，優先にしたいことが同じ時間に通級する子供同士の関係です。複数の子供が同じ時間帯に通級する場合，個別の指導が主となる場合でも，状況によっては子供同士で活動する場面を設定することが可能になります。そこで，子供の年齢や課題となること，好きなことなどをもとに，時間を設定するとよいでしょう。共通の話題で話ができたり，課題設定を同じくすることで頑張りをお互いに認め合ったりできます。そうして，仲間意識が芽生えることで，教師がいろいろとアドバイスするよりも，子供から子供へアドバイスされることの方がすんなりと納得できることがあります。教師と子供の出会いも大切にしますが，子供同士の出会いも大切にして，よりよい支援につなげられるといいですね。

❷7・12月　在籍学級担任との交流会

　本校では，年間2回「ひろげる交流会」と題し，在籍学級担任との交流会を開催しています。7月には個別指導場面（一部抽出）をビデオ録画しておき，それを見ながら，個別の指導計画のねらいと具体的な手立てについて在籍学級担任に説明します。子供の困りの実態とその背景を説明し，目標や手立ての設定理由を解説します。在籍学級担任だけではなく，特別支援教育コーディネーターが参加したり，時には管理職も参加したりします。通級指導教室での指導の様子を知るきっかけとなり，「他の子供も通級につなげよう。」ということや「学級の中でできる配慮を検討しよう。」と支援がより広がっていきます。12月も同様に小集団指導場面のビデオをもとに行います。時に，鋭いご指摘をいただくこともありますが，よりよい通級指導教室を目

指すうえでは貴重なご意見です。

❸8・1月　事例検討会の実施

　8月であれば後期に向けての保護者懇談を意識して，1月であれば年度末の保護者懇談を意識して，時間的に余裕のある長期休業中に事例検討会を実施しておくとよいでしょう。子供のアセスメントを振り返り，指導内容が適切であったか，子供が成長した点はどんな点かを検討し，後期や次年度の個別の指導計画作成に向けての材料をつくっておきます。時には，外部専門家を講師として招待し客観的な意見をもらったり，他の通級指導教室の教師と共に行い，見立てが適当であるのか指導が有効であるのかを喧々諤々検討したりします。事例検討会に向けて新たに資料を準備するのではなく，日々の指導の記録や子供が手がけたもの，個別の指導計画をもとに行うとよいでしょう。これに向けて新たに準備しなければならないとなると，通級指導教室担当教師の負担も増え，長続きしません。ぜひ，日々のお悩み相談会のように実施してみてください。

❹3月　指導の終了に向けて

　年度末に通級による指導を終了するかどうかを検討します。その際に，学級担任や保護者の意向はもちろん重視しますが，もっとも重視するのは子供自身の思いです。子供自身が「通級がなくても大丈夫！」と思えることが重要なので，そのためにも，通級指導教室での1年間の学びの振り返り（どんなことに取り組み，何ができるようになったのか）を丁寧に行います。その中で，次年度の目標を考えていくわけですが，終了する際には，「学ぶ方法を身につけたから，あとは自分でなんとかできる。」と思った段階が終了のタイミングだと思います。自己肯定感が十分に育ったタイミングと言ってもよいかもしれません。「困ったらいつでも相談に来ていいから。」という話を本人と保護者にして，前向きに通級による指導を終えるようにします。

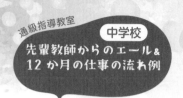

通級指導教室担当教師の仕事は
「子供と笑顔で過ごせるところ」が素敵

（伊藤　陽子）

仕事のやりがい❶　子供とじっくりかかわることができる

　「私，特別支援教育を担当したいです。」と，人事の希望を聞かれた時に自分から申し出たのが，通級指導教室担当教師になったきっかけでした。ずっと通常の学級の担任だった私が，いつも感じていたのが「一人一人ともっとじっくりかかわりたい。」ということでした。教室の中で困っている子供をなんとかしたい，そのためには個別の特別な支援の場が必要です。通級指導教室は一人一人の子供とじっくりかかわることができる，子供に寄り添った指導ができる場です。

　通級指導教室担当教師は転勤等がなければ，入学後まもなくから卒業まで継続して指導や支援をすることが可能です。学年や成長段階に合わせて，現在進行形かつ長期的に指導や支援の計画，修正ができるのです。1年生の時は私より小さくて泣いてばかりいた子が，いつの間にか大きくて頼もしい存在となり，時には教材づくりを手伝ってくれたり，後輩のために力を貸してくれたりします。必要に応じて，個別の指導，小グループの指導，異年齢でのグループ指導など，子供の力をつけるのに適した指導方法を選ぶことで，より一層，その子供に必要な指導・支援を行うことができます。

　ある時，1年生の時に「誰も信じられない。」「こんな学校大嫌い。」と怒りにとらわれていた子供がいました。通級による指導を続けた結果，卒業間際には「この学校が好き，卒業したくない。」と言っているのを聞き，本人にとっても，周りの人々にとっても，通級指導教室って大切だなあと感じることができました。そして，そんな仕事に携われることを幸せだと感じてい

ます。

仕事のやりがい❷　その子に合った教材を使える・作れる

　「読んであげればわかるのに。」「パソコンなら，こんなに早く文章入力できるのに。」「この時の出来事をイラストと文字で整理すると考えやすいよね。」など，その子に合った方法や教材を使うことで，今までうまくいかなかったことを「できた！」「わかった！」と理解しやすくなります。

　「できたよ。」と言う時の子供の誇らしげな笑顔を見ると，この仕事ができて本当によかった，もっとこの子たちの笑顔が見たいと張り切ってしまいます。もうすでに，学習に自信をなくし，学習への拒否感をもっている子供には，ゲーム形式での教材，好きなキャラクターを使った教材などを作ることもあります。計算が苦手な子供とトランプを使ったカードゲームをしたことがありました。二人で勝負を競い，笑ったり悔しがったり。そしてゲームが終わるとネタばらしです。子供は「なんだ！　ゲームだと思ったら，これ数学じゃん！　でも，これならできるよ。」と以後，同類項の計算には自信をもって取り組めるようになりました。

　こんなことができるのも通級による指導ならではなのです。

仕事のやりがい❸　担任・保護者と団体戦

　子供の指導や支援は，一人で行うわけではありません。担任やその他の子供にかかわる教職員や保護者と連携して，いろいろな立場や角度から子供を支えていきます。通級指導教室担当教師も先生方や保護者と役割分担しながら子供の成長の一助を行います。子供の成長について，担任や保護者と情報を共有し，同じ目標に向かって一緒に頑張っていく，まさに団体戦です。団体戦だからこそ，目標が達成できた時に共に喜びを共有できるのも，通級指導教室担当教師の仕事のやりがいです。

はじめて先生へのエール

❶だれでも最初は「はじめて」

　今でこそ，いろいろな方から相談などを受けるようになりましたが，もちろん私も，最初は何をすればいいのか，どんな教材があるのか，どんな言葉がけをすればいいのか，わからないことばかりで，毎日悩み続けていました。たくさん本を読みました。先輩方や専門家の先生方の講演会にたくさん参加させていただきました。そして，とにかく「やってみよう」と思ったことはどんどん試してみました。もちろん失敗したことはたくさんあります。でも，子供はそんな私の姿をちゃんと見ていてくれました。最初に担当した子供は「先生が自分のために頑張ってくれていたことはわかりました。」と卒業の時に言ってくれたのです。悩むのは当然，失敗するのも当たり前，でも，やらないで後悔するより，まずはチャレンジしてみませんか。

❷通級指導教室担当教師って孤独？

　通級指導教室担当教師のスタートは新しい学校に転勤してからでした。通常の転勤でもしばらくは緊張するのに，通級指導教室担当教師としての転勤は，あまりに孤独で，相談する人もなく，家で泣く日も少なくはありませんでした。特に中学校は，学年団での活動が多く，指導の時間が違っていて，自校の子供たちとかかわる時間が少ないため，話題に入っていけませんでした。そんな私を支えてくれたのは，同じ通級指導教室担当教師の仲間たちでした。研修会などで知り合った仲間たちと「こんな教材があるよ。」「こんな指導してみたよ。」という情報交換はもちろん，「こんなことで悩んでいるんだ。」という相談やケース検討会などを通して，指導法だけでなく，校内でどのように先生方とかかわっていけばよいかなどのヒントもいただけました。

　なるべく通級指導教室に閉じこもらず，教材はあえて職員室で作るようにしました。すると，興味をもった先生がこれは何に使うのか，声をかけてくださいます。また，それぞれの教科の先生に「こんな教材を作ってみたんで

すが，教科担当の立場から，何かアドバイスもらえませんか？」と声をかけると，様々なアイデアをくださいます。たしかに，他の先生方と仕事の形態が違っているため，寂しい思いをすることは今でもあります。でも，孤独だと感じることはなくなりました。先生方と一緒に子供を支援していくという気持ちをもってコミュニケーションをとるように心がけています。

❸ずっと通級指導教室担当教師でいる理由

　私は，現在の勤務校で通級指導教室担当教師としては３校目になりました。転勤の際に「是非，通級指導教室担当教師として転勤させてほしい。」「次の勤務校でも通級による指導をさせてほしい。」という希望を第一に伝えています。できることならば，最後まで通級指導教室を担当したいと思っています。それほど，私は通級による指導の仕事が好きです。そして，もう一つ，通級指導教室担当教師を続けてきた理由があります。それは，ある子供との約束があるからです。その子は初対面の私に向かい「どうせ，先生も１年でいなくなるんでしょ。いつもそう，私にかかわる先生は１年で私の前から消えるんです。私みたいな人間とかかわるのがいやなんですよ。」と言いました。「小学校の時から，ずっとそう思っていた。」と。様々な事情で１年しかかかわれなかった先生もいたと思いますが，目に見えない情報の理解が苦手な子供は，「見捨てられた。」「嫌われている。」と感じてしまったようです。私はその子と「あなたが卒業するまでいなくならないよ。卒業しても通級指導教室で待ってるよ。」と約束してしまいました。運よく，その子が卒業して数年間はその教室で通級指導教室担当教師を続けることができ，それを知ったその子は，20歳の時に教室に会いに来てくれました。「本当にやめなかったのですね。」その子は約束を覚えていました。もうとっくに約束は果たしましたが，あの子と同じように思っている子供はいないか，困った時に「通級指導教室に行けば先生に相談できる。」という安心感をもって卒業後も頑張ってほしいという一心で，できる限り通級指導教室担当教師で居続けたいと思っています。

中学校　通級指導教室　12か月の流れ

月	今月の仕事チェックポイント
4月	・新年度の準備（教室環境整備） ・通級に関する書類の作成，提出 ・在籍校訪問（他校通級生徒） ・年間指導計画の作成 ・週指導計画の作成
5月	・通級指導開始 ・4者面談（本人・保護者・担任・担当） ・個別の指導計画の作成・共有
6月	・教材作成と指導方法の模索
7月	・夏休みの課題のサポート ・夏休み前の評価 ・在籍校との情報交換 ・研修会等の参加
8月	・研修会等の参加 ・指導計画の見直し ・教材作成・準備 ・教室整備 ・通級指導教室保護者勉強会①
9月	・教材作成と指導方法の模索

【4月の吹き出し】
提出する書類が多いので大変。なるべく早く仕上げて，提出期限に遅れないよう付箋でチェック。
在籍校を訪問して担任や特別支援教育コーディネーターと顔見知りになると情報交換しやすい。

【5月の吹き出し】
他校通級の場合は，担任の参加が難しいので，3者面談になることが多い。面談内容はメールや電話で担任と共有する。

【7月の吹き出し】
研修会への参加は，通級指導教室担当教師の知り合いを増やすチャンス！
積極的に参加することがおすすめ。

【8月の吹き出し】
通級指導教室の保護者対象にちょっとした勉強会を実施。保護者同士のつながりができる。夏休みの子供の様子を知ることもできる。

10月	・前期の評価 ・個別の指導計画の見直し ・通級回数報告書（前期分）提出 ・担任と面談（オンライン利用も）

> ICT を使うことで，多忙の先生とも顔を合わせてお話できる。

11月	・通級指導教室フリー参観週間

> 先生方に教室の雰囲気や教材などを見てもらう。
対象生徒の担任や関係者については授業参観も可。

12月	・今年の振り返り ・冬休みの課題のサポート ・受験の面接練習（中3）

1月	・通級回数報告書の作成と提出 　（後期分・年間の見込み数） ・通級指導教室保護者勉強会②

> 担当者が代わった時の子供や保護者の動揺は予想以上に大きい。来年度担当を継続することが決まっていても，最終指導日には，来年度開始までの大まかなスケジュールと通級指導教室担当教師が代わる可能性があることを伝えておく。

2月	・1年間の振り返り ・来年度へ向けての継続の希望確認

3月	・指導終了 ・後期と1年間の評価 ・通級回数報告書の作成と提出 　（後期分・年間分） ・在籍校へ指導内容の報告書送付 ・年度末の提出書類作成と提出 ・通級指導教室の要録（記録）の記載 ・引継ぎ書類の作成 ・小学校の通級指導教室担当教師・高校との引継ぎ ・来年度新規通級開始予定の子供・保護者と面談 ・教室整備

> とにかく，3月は忙しい。早め早めに書類を作成して提出することがおすすめ。特に転勤の場合は，教室の掃除も念入りに。

中学校　通級指導教室　12か月の仕事の要所

❶4月　在籍校訪問

　年度はじめは，作成して提出する書類がたくさんあり，多忙な日々を過ごします。在籍校に提出しなければならない書類もあります。私は，年度はじめの在籍校に提出する書類は，直接在籍校に持参し，担任の先生や特別支援教育コーディネーターの先生とお話する時間をいただいています。直接持参するのは大変なのですが，書類の説明に加え，通級指導教室の概要や，1年間の流れ，連絡帳の記載のお願いなど，直接会ってお話しすることで誤解なく伝えることができます。また，子供の担任がどんな先生なのか，学校はどんな雰囲気で，学区にはどんなところがあるのかを知ることで，子供との会話のきっかけや子供理解につながることもあります。通級指導教室までの道路の混み具合，通級に要する移動時間を知ることもできます。以上の理由で，4月には在籍校を訪問しています。この訪問をきっかけにその学校に在籍する別の子供が新たに通級指導につながったケースもありました。その日程調整は，教頭先生にお願いしています。

❷8・1月　通級指導教室保護者勉強会（茶話会）

　通級指導教室担当教師の役割の一つに「保護者支援」があります。子供が困っているように，保護者も我が子の課題に向き合い，日々困っていることが多く，それをだれにも相談できず一人で抱え込んでいるケースも少なくありません。そこで，年に2回ほど，保護者勉強会（茶話会）を開催しています。毎年内容は多少違いますが，通級指導教室を卒業した「先輩ママと話そう」は，毎年好評です。成人した卒業生が先輩ママと一緒に参加してくれて，当事者の心の内をざっくばらんに話してくれたこともあります。進学や就職，この先どうなるのか心配する保護者が多く，会の終了後，残ってお話しされる方も数名います。また，「同じことで悩んでいる人がいるとわかって，ほっとした。」などの声が聞かれます。冬に行う時には，近隣小学校にも声を

かけ，中学校生活に不安をもつ保護者も参加します。すると今度は，現在，通級指導教室に我が子を通わせている「現役ママ」が小学校の保護者に「中学校ではこんなことが大変だから，こういう準備をしておくといい。」など，支えられる側だった保護者が，支える「先輩ママ」の役割を担ってくれます。「だれかの役に立てた。」とうれしそうに話してくれた保護者がいました。保護者の安心感や自信につながる大切な会として，毎年行っています。

❸2・3月　最終通級日

　最終の通級指導日には，今までの指導の振り返りを行います。記録として残してきたファイルを1ページずつめくりながら，子供の頑張りや成長を確認すると「自分は昔，こんなことを考えていたんですね。」などと恥ずかしそうに，でも，自分の成長をしっかりと自覚し，自信をもって振り返ります。併せて，もう少し頑張りたいことや，まだ不安なことなども確認していきます。それは，引継ぎの資料に記載していきます。

　高校進学など，最終の通級日である場合は，今後，困った時に「だれに」「どうやって」相談すればいいか，「どんな言い方をすればよいか」などを具体的に確認し，新たな生活への不安を軽減することも大切です。

　次年度継続の子供や保護者の多くは「来年もよろしくお願いします。」と言ってくれるのですが，あえて「来年度の担当は，だれになるのか，まだわかりません。別の先生になるかもしれません。」と伝えます。予想外の出来事への不適応を防ぐためです。継続して担当できた4月には「あれ？　お別れしたはずなのに，また先生じゃん！」と笑い話になることもあります。通級による指導で大切なのは，子供が笑顔で生活できることです。来年度も笑顔でスタートするためにも，最終の通級指導日はとても大切な1日なのです。

　通級による指導は，わざわざ授業を抜けて指導を受けに来ているのです。年度内にできること，やるべきことをやりきり，確実に引継ぎ，子供に不利益が生じないようにしていきましょう。

CONTENTS

通級指導教室
先輩教師からのエール＆12か月の仕事の流れ例

小学校

通級指導教室担当教師の仕事は
「子供中心の教育」が素敵

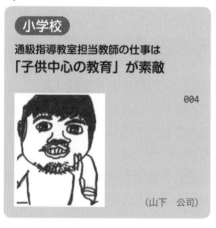

004

（山下　公司）

中学校

通級指導教室担当教師の仕事は
「子供と笑顔で過ごせるところ」が素敵

012

（伊藤　陽子）

第1章　3・4月
新年度に向けての準備＆チェックポイント

第2章 4月
出会いをぐんと楽しくする教室はじめアイデア

第3章 5月
指導はじめのための個別の指導計画

第4章 12か月 子供を伸ばす 指導アイデア

第5章　7・8月
連携と学びを深めるアイデア

第6章　9〜12月
支援の充実，進路・将来に向けての支援

第7章　1～3月
みんなで育てる　連携・引継ぎポイント

第1章

3・4月
新年度に向けての準備
&チェックポイント

通級による指導を適正かつ円滑に実施するための書類は，各自治体の実情に応じて多少違いがあるものの，概ね決まっています。

1 3月に通級指導教室を退室する子供に関する書類

在籍学級での適応が図られる状態になったら，退室の手続きを行います。

（喜多　好一）

　通級による指導のねらいは，在籍学級での適応が図られる状態にすることにあります。ですから，年度末に年度当初の４月の段階で重点として掲げた指導すべき課題が改善し，通級指導教室の担任そして在籍学級の担任が通級指導教室の退室にゴーサインを出し，なおかつ当該の子供・保護者からの合意形成が得られれば，退室に向けた手続きを進めていくこととなります。退室に関しては，教育委員会の退室にかかわる検討委員会への報告・判定を経て，決定することが多いようです。その退室を判定する委員会に提出する書類の例としては，次のようなものがあります。

　①通級指導教室の終了についての希望書（保護者作成）
　②校内委員会等の退室に関する意見書
　③４月当初の指導開始時の実態把握と指導後の実態把握を比較した表
　④指導目標の達成状況がわかる個別の指導計画
　⑤退室後の在籍学級での支援計画

　③の実態把握では，各自治体ごとに独自で作成しているチェックリストを有効に活用するとよいでしょう。

　退室を判断するにあたっては，通級指導教室での指導終了時点で在籍学級での適応状態がイメージできているかがポイントです。退室後の在籍学級に任せきりにせず，校内体制で支援計画を作成しておきます。

学習・社会性等のチェックリスト		記入者			記入日		年 月 日

チェックポイント・視点		チェック内容	1 できない (30%以下)	2 あまり できない (30〜50%)	3 ほぼ できる (50〜80%)	4 できる (80%以上)	5 未確認
聞く	個別の指示理解	個別の指示を聞いて行動する					
	一斉の指示理解	一斉の指示を聞いて行動する					
話す	言葉で伝える	思いを相手に分かるように話すことができる					
	言葉以外のやり取り	アイコンタクト・表情や態度により意思疎通ができる					
会話	会話の調整（集団）	声のトーンや言葉の抑揚，間のとり方，声の大きさが適切である					
	言葉づかい（集団）	正しい語句，丁寧な言葉，慣用句で話すことができる					
読む	読む	学年の教科書を流ちょうに読むことができる					
書く	書く	文字の形や大きさを整えて書くことができる					
	視写	板書を時間内に写すことができる					
計算・推論	計算	学年相応の四則計算ができる					
	推論	言葉だけの説明で，簡単な絵や図が書ける					
心情の理解	相手の意図の読み取り	表情や指さしの指示だけで着席等の動作ができる					
	気持ちの理解	相手の嬉しい気持ちや悲しい気持ちなどが理解できる					
	相手との距離	物や人との適切な距離を把握することができる					
社会性	あいさつ	あいさつや返事ができる					
	きまり	きまりを守って，みんなと行動できる					
	遊び・協力	友達と遊んだり協力して行動できる					
	順番・ルールの理解	順番やルールを守って行動できる					
衝動性・固執性	切り替え	予定変更があっても，気持ちを切り替えて順応した行動ができる					
	感情の抑制	パニックを起こさずに感情をコントロールできる					
	こだわり	何かに固執しないで行動できる					
多動性	多弁	口を挟まずに最後まで聞くことができる					
	多動	授業中，座っていることができる					
注意	整理整頓	机の中やロッカーの整理整頓ができる					
	持ち物	忘れ物がなく，持ち物をなくさないで管理できる					
	集団行動の状況	列に並んだり，周りを見て一緒に活動できたりする					
運動	粗大運動	全身を使った運動ができたり，模倣運動ができたりする					
	微細運動	折り紙で角を合わせて折ることができる					

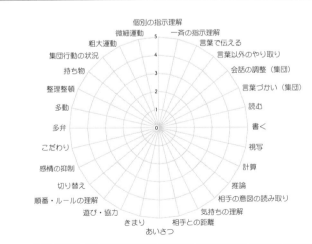

新年度も継続して通級による指導を受ける子供に関する書類

通級指導教室を継続して利用するケースも，保護者や担任の先生，子供本人の意向を確認して手続きを進めます。

（喜多　好一）

　継続して通級指導教室での指導を受ける子供に関しても，年度末には校内委員会で通級による指導の達成度と在籍学級での適応状況を確認したうえで判断をしていくことになります。

　また，退室を検討する際と同様に，保護者に対して「継続にかかわる意見書」の作成・提出を求めます（次頁書式例）。

　継続意見書の扱いについては，在籍校への依頼書の作成，通級指導教室の保護者会等での説明を経て，保護者の希望を聴きとるようにします。継続意見書の提出後には，保護者面談を設定するとよいでしょう。直接，保護者の思いや願いを聴きとり，今後の指導について話し合うことで，円滑な継続手続きができます。併せて，当該児童生徒の継続に関する思いを聴く機会を必ず設けることが重要です。

　特に，小学校高学年や中学校の子供に多い事例として，保護者と担当教師が通級による指導の継続が必要と判断しても子供自らが退室を求めるケースがあり，対応に苦慮する場面があります。保護者と同様に，子供の継続・終了の意向については，丁寧に聴きとっておく必要があります。継続意見書を求める時期は，年度末近くになりますが，できれば年度途中から保護者と子供の三者面談等を計画的に行い，三者の思いを共有していき，互いの気持ちに齟齬が生まれないようにしていくことが大切です。

令和3年12月14日

江東区教育委員会　殿

令和4年度　ひまわり教室　継続・終了について（継続意見書）

児童在籍校：＿＿＿＿＿小学校＿＿＿＿＿年　　児童名：（　　　　　　　　　　）

＜在籍校校内委員会の所見として該当する番号に○＞
① 　今年度でひまわり教室の指導を終了してよいと考える。

②　来年度もひまわり教室での指導を継続する必要があると考える。

担任

＜在籍学級での児童の様子，連携型個別指導計画による指導目標の達成度等の評価＞

こだわりが強く，一斉指示が聞けず，周りの児童と同じような行動を取ることは難しい。また，集団の中でも状況が読めず自分本位な行動が目立つ。また，こだわって，友達にしつこくしたり，泣く，キレる，暴れたりすると，場合によっては，複数の教員で対応にあたることが多々あった。そのため，こだわりを緩和する対処法や状況を見て行動することができるようになるための社会性を身に付ける必要があると考えるため，次年度も継続指導が必要であると考える。

学校

＜校内委員会の所見＞

次年度も引き続き継続指導が必要であると考える。
できるようになったことも多くあるが，周囲も成長しているため新たな課題も出てきている。また，"こだわり"や自分本位な行動についても，まだあるため，不安感や自信のなさが強くある。また，ヘルプサイン等の基本的なコミュニケーションスキルや気持ちの表出に難しさがある。学力面では，語彙の乏しさ，読解の弱さがあるため，学びの場の検討も視野に入れ，次年度も継続した指導をしていく必要がある。

ひまわり

＜ひまわり教室の所見＞

次年度も継続した指導が必要であると考える。
昨年度よりも感情のコントロールが，自分でできることが増えてきている。また，集団を意識しての行動も徐々にできるようになってきている。しかし，学年が上がり授業のスピードについていけないものがあったり，理解が乏しもの，自分の解答が間違っている事等が受け入れられず，不適応な行動をとってしまうこともある。また，状況を見ずに自分本位の行動をとってしまうこともまだ見られるため，次年度も継続した指導が必要であると考える。

家庭

＜保護者・児童本人の要望，意見＞

次年度も引き続き継続指導をお願いしたい。

（署名）記入者：＿＿＿＿＿＿＿＿＿＿
（署名）学校長：＿＿＿＿＿＿＿＿＿＿

継続する子供に関する書類には，次のようなものがあります。

①保護者からの継続意見書（当該児童生徒の意見を含む）

②校内委員会等の継続にかかわる所見

　（通級指導教室の継続にかかわる所見を含む）

③個別の指導計画並びに個別の教育支援計画（pp.037-038参照）

④通級指導教室の指導日についての保護者へのお知らせ

⑤通級する子供の個々の教育課程と通級指導教室の教育課程（pp.031-032）

　個別の指導計画並びに個別の教育支援計画に関しては，通級指導教室では作成することが義務づけられていますので，年度末には PDCA サイクルの評価を適切に行って見直していきます。個別の教育支援計画同様，個別の指導計画の評価・改善は，保護者と共に達成状況を確認する手順を踏むことが大切です。達成状況を確認する際の観点は，次の二つです。

- 通級指導教室における自立活動の指導の成果が在籍学級での学習や生活場面で表れているか。
- 個々の子供の教育的ニーズに合った指導すべき課題であったか。

　在籍校では，見直しをした個別の指導計画をもとにして，個々の教育課程を編成し，教育委員会に提出することになりますので，保護者との合意形成を丁寧に図ることが重要です。

個々の教育課程（例）

令和○年度　児童（生徒）の教育課程について（届）

　このことについて，学校教育法施行規則第140条の規程に基づき，通級指導教室による指導を下記のとおりお届けいたします。

記

1　児童生徒の学年・氏名　　　第○学年　　　氏名○○　　○○

2　通級指導教室の対象となる主な障害種　　　○○○○○○

3　障害の状態

> 医師の所見や在籍学級等における障害による学習上又は生活上の困難さを具体的かつ明確に示した子供の状態を記入する。

4　指導目標

> 障害の状態を踏まえ，指導の終了に向け，身につけさせる力がわかる目標を設定する。

5　指導の基本方針

　(1)個 別 指 導：

　(2)小集団指導：

> 子供の指導目標に基づき，それを達成するために，個別指導や小集団指導において，自立活動の項目の選定や指導方法等を記入する。小集団指導については，集団構成の工夫についても記載する。

6　主な指導内容

　(1)……

　(2)……

> 指導の基本方針を受けてより具体的な指導内容とその指導で目指す子供の姿などを記入する。

7　指導時数　　　週2時間（週1回），年間○○時間

8　指導期間　　　令和○年4月○○日から令和○年○○月○○日まで

令和○年度　通級指導教室の教育課程について（届）

　このことについて，学校教育法施行規則第140条の規程に基づき，通級指導教室による指導を下記のとおりお届けいたします。

記

1　通級指導教室の教育目標

> 学校の教育目標を受けて通級指導教室の目標を設定する
> （子供向けの教育目標ではないことに留意する。）
> ⑴自立活動の目標
> ⑵在籍学級や各教科の内容と通級指導教室での指導との関連

2　教育目標を達成するための基本方針

> 〔観点例〕
> ⑴学校生活支援シート，個別の指導計画，連携型個別の指導計画の活用
> ⑵校内委員会の実施と充実
> ⑶担任，特別支援教育コーディネーター，巡回指導教員，特別支援教室専門員の連携
> ⑷特別支援教育について研修会の実施
> ⑸家庭，地域，関係機関との連携　　　　　　　　　　　　　　　　　　　　　など

3　指導の重点

> 自立活動において，特に重点を置く指導事項を記述する
> 1 健康の保持　　　　　　　2 心理的な安定
> 3 人間関係の形成　　　　　4 環境の把握
> 5 身体の動き　　　　　　　6 コミュニケーション

4　その他の配慮事項

> ⑴1日の時程，週時程，授業の1単位時間の設定等の工夫
> ⑵在籍学級校，家庭，専門機関，地域社会，他校との連携
> ⑶適切な教室環境の整備　　　　　　　　　　　　　　　　　　　　　　　　　など

＊継続して通級する子供の教育課程に基づいて，このような通級指導教室の教育課程を作成します。

新年度から新規に通級による指導を開始する子供に関する書類

新規に入室する子供については，教育委員会から届く判定する際の資料に目を通すとともに，ケースに合わせて書類を作成します。

（喜多　好一）

新規に入室する子供に関しては，教育委員会の就学にかかわる委員会あるいは入室を検討する委員会での手続きを経て入室が決定していますので，まずは，教育委員会から届く判定する際の資料に目を通しておきます。

新規の入室が想定される子供には，

「すでに小中学校の通常の学級に在籍をしているケース」

「小学校への入学や中学校への進学を機に入室するケース」

の二つがあります。それぞれに確認したり，作成したりする書類が違いますので，確認が必要となります。

すでに小中学校の通常の学級に在籍をしているケース

入室を検討する委員会に提出した書類には，在籍学級での指導や支援の様子からその子供の困難さが表れているアセスメントシートがありますので，入室前に改めて通級指導教室として在籍学級の状況を確認しておく必要があります。また，その他の資料として，発達検査の結果や医師の診断書がありますので，資料をよく読みとって支援・指導に生かせる内容をピックアップします。

これまで学校として対象の子供に対して支援や指導をしてきた経緯をまと

め，入室する子供の障害の特性も含めた多面的・多角的な実態把握を丁寧に行います。そのことを踏まえて，自立活動の指導計画作成につなげ，年度内に個別の指導計画の案を作成しておくと個別の教育課程の編成がスムーズにできます。また，通級する子供が新たな学級での適応を図っていくためにも，新年度の学級担任が明らかになった段階で，新学級担任と通級指導教室で担当する教員，該当児童生徒の前学級担任，さらには特別支援教育コーディネーターを交えて引継ぎの会を設定するとよいでしょう。在籍学級での具体的な困難さを共有できるとともに，効果的な支援や指導について新たな気づきが生まれる場合もあります。

小学校への入学や中学校への進学を機に入室するケース

入学並びに進学を機に入室する子供とすでに在籍をしている子供との違いは，はじめて出会う子供であることです。しかしながら，新年度明けてから一からその子の実態把握をしていくのではなく，年度内に集められる子供の情報は得ておく必要があります。

小学校に新1年生として入室する場合であれば，就学時健康診断の機会に，直接当該の子供の様子を見ることができます。また，その際の保護者との面接で保護者から家庭や園での様子を聴きとることができます。教育委員会での入室にかかわる判定資料からは，幼稚園・保育園からの活動の様子や配慮事項が記された資料や発達検査も知ることができるかもしれません。判定会で通級による指導で何を身につけていくことが望ましいのか話し合われた概要も参考になります。配慮を要する子供に関しては，どの小学校でも幼稚園や保育園の教員との直接の情報交換をしています。

場合によっては，該当の園児が登園している様子を小学校教員が観察に行く機会を設けている学校もあります。幼児期から療育を利用している子供に関しては，園にて個別の指導計画や個別の教育支援計画が作成されて引継がれる場合もあります。任意ではありますが，各自治体で様式を作成している

「就学支援シート」（p.036参照）を保護者が持参するケースも多くなっています。入学に際して入室する子供に関しては，このような資料や機会を捉えて，どのような障害による困難さを抱えているのかを，事前に正しく把握しておくことが大切です。

　中学校の新１年生が入室する場合は，小学校の就学時ほど引継ぎをする機会はありませんが，小学校６年担任と中学校教員による情報交換をする会を設けているケースが多いことから，その会に中学校の通級指導教室担任が同席するものよいでしょう。小学校の通級指導教室から継続して中学校の通級指導教室に入室する子供については，個別の指導計画と個別の教育支援計画が作成されていますので，小中学校の担任間の連絡を密にとることが重要となります。個別の教育支援計画は，保護者が直接持参することもありますので，提出の漏れがないようにしておくことも大事です。

就学支援シートの扱いについて

　「就学支援シート」は，子供のこれまでの生活について，保護者の方や関係する機関で作成して，入学する小学校・義務教育学校へ引継いでいくものです。スムーズな就学のために，小学校・義務教育学校に入学する子供について，あらかじめ伝えておくことを目的としています。

　家庭や園，療育機関などで行われてきた配慮や支援を，入学で途切れさせることなく，継続して行っていくことが大切です。ただし，「就学支援シート」は保護者の希望により作成し，学校への提出は任意となりますので，けっして強要するものではありません。「就学支援シート」を受けとった小学校は，個別の指導計画や個別の教育支援計画を作成する際の参考資料とするとよいでしょう。

就学支援シート（例）

【保護者記入欄】

保護者の方は以下の内容を記載後、在籍している保育園や幼稚園、認定こども園に提出し、所定の欄の記載を依頼してください。そのほかに療育機関に通っている場合は、療育機関にも記載を依頼してください。

☆記載の方法
1：支援が必要である（苦手である）　2：一部支援が必要である　3：支援の必要はない（自分でできる）の該当する数字に〇をつけて、その他、特記事項があればその横の欄に記載してください。

身体・生活・運動	歩行、移動	1　2　3	（特記事項）
	体育やスポーツなど激しい動き	1　2　3	
	はさみやひもの使用など細かい動き	1　2　3	
	衣服の着脱	1　2　3	
	排泄	1　2　3	

コミュニケーション	指示の聞き取り	1　2　3	（特記事項）
	友人や先生との意思疎通	1　2　3	
	ルールの理解	1　2　3	
	自分の気持ちを表現する	1　2　3	
	集団行動への参加	1　2　3	
	周囲への暴力・暴言を我慢する	1　2　3	
	自分にとって不本意なことを我慢する・切り替える	1　2　3	

学習	自分の名前を読む・
	自分の名前を言う
	10までの数を数え
	授業中落ち着いて参加
	鉛筆やクレヨンなど字や絵を
	準備や片付けに参加

その他、伝えておく
※性格、行動、こだわり
　こと、特別な工夫、

お子さんのことで相談に行ったところ、関わっている機関、関わる予定の機関
（医療機関、教育センター、放課後デイサービス　など…）
支援機関名：　　　　　　　　　　連絡先：　　　　　　　担当者：
支援内容：
支援の期間：（　　　　　　　）～（　　　　　　　　）
支援機関名：　　　　　　　　　　連絡先：　　　　　　　担当者：
支援内容：
支援の期間：（　　　　　　　）～（　　　　　　　　）
支援機関名：　　　　　　　　　　連絡先：　　　　　　　担当者：
支援内容：
支援の期間：（　　　　　　　）～（　　　　　　　　）

【在籍園（保育園・幼稚園・認定こども園等）】記入欄

園名		記入者	
		記入日	

支援の目標

【参考】江東区教育委員会「就学支援シート」

個別の指導計画（例）

【秘】 **個別の指導計画**	令和　年度	○○小学校

年　　組	男・女	児童名：	記入者:(担任名)

□生活指導上の配慮　　　　　□特別支援上の配慮　　※当てはまるところは，■に色を変えて下さい。

情緒・行動	対人関係	一斉指示	学習	家庭環境	その他
□情緒不安定	□選択性緘黙	□理解・行動	□聞く	□不規則な生活	□不登校
□攻撃的	□緊張・不安	**言語**	□読む	□ネグレクト（放任）	□偏食
□衝動的	□被害者意識	□吃音	□話す	□虐待的傾向	□アレルギー
□多動的	□一方的な会話	□発音不明瞭	□書く	□過干渉	（　　　　）
□注意散漫	□	□語彙の課題	□数の概念	□	□体の障害
□無気力		□	□イマジネーション		（　　　　）
□こだわりの強さ			□不器用さ		

専門機関	難言通級・特支教室	相談・療育機関	医療機関	診断名・服薬
				□境界知能 □【　　　　　】 □服薬（　　　）

興味関心・得意なこと	学校でのめあて
・ ・	・ ・

長期目標（一年間）	
短期目標（前期）	
短期目標（後期）	

児童の課題	

	児童への対応・支援	支援に対する評価
4月｜10月		
10月｜3月		

※原則は，保護者に開示はしません。（「家庭環境」の欄は，要注意）

その他(家庭環境,保護者や本児の引き継ぎ事項等,次年度に申し送りしておくべきことをご記入ください)

個別の教育支援計画（例）

個別の教育支援計画

フリガナ		性別	学年・組
氏名			年　組
学校		校園長名	
		担任名	
備考			

1　学校生活への期待や成長への願い（こんな学校生活がしたい，こんなこども（大人）に育ってほしい，など）

本人から	
保護者から	

2　現在のお子様の様子（得意なこと・頑張っていること，不安なことなど）

3　支援の目標

学校の指導・支援	家庭の支援

児童・生徒名：　　　　　　　　　　　　　　　　　　　　　　令和4年度作成　　NO. 2

4　支援機関の支援

在籍校	本年度　　　　年　組	担任名：	
	前年度　　　　年　組	担任名：	
	前々年度　　　年　組	担任名：	
	支援機関：　　　　　　　　　　担当者：　　　　　　　　　連絡先：		
	支援内容：		
	支援期間：　　（　　　　　　　　）～（　　　　　　　　　）		

5　支援会議の記録

日時 令和　年　月　日 　：　～　：	参加者：	協議内容・引継事項等
日時 令和　年　月　日 　：　～　：	参加者：	協議内容・引継事項等
日時 令和　年　月　日 　：　～　：	参加者	協議内容・引継事項等

6　成長の様子

7　来年度への引継ぎ

以上の内容について了解し確認しました。

年度当初　　令和　年　月　日　保護者氏名　＿＿＿＿＿＿＿＿＿

引継ぎ時　　令和　年　月　日　保護者氏名　＿＿＿＿＿＿＿＿＿

4 新年度の通級指導教室の運営にかかわる書類

通級指導教室を円滑に運営していくために，提出が求められる書類があります　ので，準備をします。

（喜多　好一）

通級指導教室の運営には，次のような書類が必要です。

①通級指導教室の分掌一覧

②通級指導教室の教室要覧等

③通級指導教室における自立活動の年間指導計画

④時間割と週ごとの指導計画

⑤通級による指導の記録あるいは通級による指導の報告書

⑥通級指導教室の出席簿

⑦保護者並びに在籍学級担任との連絡帳等

⑧通級指導教室の利用にあたってのお知らせ（在籍校と保護者）

❶通級指導教室の分掌一覧

　通級指導教室を運営にするにあたり，学校内と同様に担当教員の役割を明記した分掌一覧を作成することになります。次のような分掌の役割を明確にしておくとよいでしょう。

- 教室の教育課程，教室経営案，教室要覧，年間行事予定の作成
- 個別の指導計画と個別の教育指導計画の取りまとめ，管理
- 記録（指導記録，写真・ビデオ整理，文書保管，個人ファイル管理）
- 継続，退室調査

- 児童名簿の作成，管理
- 学校公開，教室公開
- 教室だより
- 指導連絡会
- 保護者会，個人面談，三者面談等
- 備品，消耗品購入，管理
- 集金（教材費等）
- 通級指導教室の広報，障害者理解教育

❷通級指導教室の教室要覧等

　通級指導教室の教育課程をもとにして「教室要覧」を作成するとよいです。通級指導教室設置校として，対外的に通級指導教室を広報する際に活用できるとともに，保護者や教職員向けにも通級指導教室の概要を知ってもらうツールとなり有効です。教室要覧には，次のような項目を記載します。

- 学校の教育目標
- 通級指導教室の教育目標
- 教育目標を達成するための基本方針
- 指導における配慮事項
- 主な年間行事予定
- 通級指導教室の沿革
- 在籍する学校と指導日等
- 児童生徒数
- 教職員名
- 紀要室配置図

❸通級指導教室における自立活動の年間指導計画

　一人一人の自立活動の指導計画を踏まえて，年間通して指導すべき課題を抽出し，6区分17項目の関連をもたせ，指導目標と指導内容，方法を設定し，

年間指導計画を作成します。個別指導を主とする場合は，この計画だけでよいのですが，小集団指導を実施する場合は，指導する複数の子供の自立活動の目標を達成できる単元計画を用意しておく必要があります。

❹時間割と週ごとの指導計画

　通級する子供は，週1～8時間程度を在籍学級から通級指導教室で取り出し指導をしますので，在籍学級担任と当該の子供と共に話し合い，時間割を決定することになります。通級による指導は，取り出しの指導により受けることができない教科が偏るのはできるだけ避けます。特に，積み上げが必要な国語や算数の授業時間を選定しないほうがよいでしょう。また，特定の教科に遅れが生じますので，その補充的な学習についても在籍学級担任や家庭と検討しておく必要があります。

　週ごとの指導計画，いわゆる「週案」の作成については，時間割に沿いながら，一単位ごとに指導する児童生徒名と指導目標と単元名，配慮事項を記載し，指導後は「備考」欄に指導記録や管理職に伝えておくこと等を記載します。

❺通級による指導の記録あるいは通級による指導の報告書

　「通級による指導の記録」の作成については，「他の学校の児童生徒に対し通級による指導を行う学校においては，適切な指導を行う上で必要な範囲で通級による指導の記録を作成すること」（文部科学省「障害のある児童生徒等に対する早期からの一貫した支援について（通知）」平成25年10月4日付）とされています。このことから，通級指導教室の教員は，通級による指導の記録をとり，在籍校に学期末や年度末に報告・提出することが必要です。在籍校では，その報告をもとにして，当該児童生徒の指導要録を作成しますので，指導内容や指導の成果と評価を適切に記録しておくことが求められます。報告書の書式は，定められていませんが，指導要録の記載内容に準じることになります。

❻通級指導教室の出席簿

　通級指導教室に通級したことの根拠として，通級指導教室用の出席簿を用意します。小中学校の専科授業が特別教室で行われる際に使用される出席簿と同様の位置づけになります。

❼保護者並びに在籍学級担任との連絡帳等

　通級による指導を家庭や在籍学級で生かしていくためには，保護者並びに在籍学級担任との連携を密にしていく必要があります。日常的な連携ツールとしては，三者をつなぐ連絡帳がありますので，有効に活用しましょう。通級による指導の授業の具体的な目的を共有することができるとともに，指導の成果を家庭と在籍学級からフィードバックできますので，指導改善に生かせます。自治体や学校によっては保護者からの出席連絡や日々の連絡をオンラインで行うケースも増えていますので，通級指導教室においても活用を検討してみてもよいでしょう。

❽通級指導教室の利用にあたってのお知らせ（在籍校と保護者）

　通級指導教室に通う際の注意あるいは配慮事項を，在籍学級担任と保護者に知らせておく必要があります。在籍学級担任には，指導開始日と授業時数，時間割への配慮を知らせます。保護者には，持ち物と欠席連絡について知らせます。通級するにあたっては，在籍学級の授業を抜けて指導を受けますので，当該の子供が安心して通級指導教室に向かうことができるような環境づくり，在籍学級の子供の理解啓発が大切になります。

　けっして偏見や差別による不快な思いをしないよう，通級指導教室について理解を促すことが重要です。保護者や当該の子供と事前に打合せをして，伝える内容や伝え方を確認しておくとよいでしょう。

　このお知らせは，継続して通級する子供の在籍学級並びに保護者に対しても，改めて確認を促す意味で出しておく必要があります。

保護者あてのお知らせ（例）

通級指導教室保護者用

特別支援教室通室についてのお願い

１ 持ち物について
　　・連絡帳
　　・筆記用具（筆箱・下敷き）
　　・ノート
　　・タブレット
　　・手拭き用ハンカチ又はタオル, ティッシュ
　　※通級指導教室用の手提げバックをご用意ください。

２ 連絡帳について
　・連絡帳は通級指導教室で用意をして, 初回の指導日にお渡しします。
　・在籍校担任, 保護者, 通級指導教室が連携して, お子さんの指導をしていく上で
　　役立つ大切な記録です。無理のない程度でご記入をお願いします。
　　ご覧になった際には必ずサインをして, 通級指導教室の指導日にお子さんに
　　持たせてください。

３ 欠席連絡について
　・事前に分かっている学校行事で欠席の場合は, 学校行事を優先して構いません。
　　その場合, 担任の先生と保護者が相談の上, 欠席の旨を通級指導教室まで
　　ご連絡ください。

４ 指導日が振替休業日等と重なった場合
　　・以下の場合, 通級指導教室もお休みとなります。
　　　○ 在籍校の行事等で指導日が振替休業日と重なった場合
　　　○ 感染症等で学級閉鎖になった場合
　　　○ 在籍校の事情により授業がない場合

5 小集団活動用の教室環境の整備
～お互いの存在を感じられる教室にしよう～

週に1回の活動を通して，子供同士がお互いを理解し尊重し合えるような教室づくりを行っていきます。

（後藤　清美）

学習室の配置

❶用意するもの

- 子供の机と椅子
  （低・中・高学年に合わせて3種類の高さを必要数用意する）
- 椅子脚カバー（消音のため）
- 大きめのテーブル
- ビニールテープ

❷セッティング

　机と椅子は，活動前に並べます。参加する子供の身長に合うものを人数分使用し，それ以外は教室の端に整理して置いておきます。椅子の脚には，消音のためのカバーをつけておきます。

　大きなテーブルは，教室の端に置き，使用する時にセッティングします。セッティングする時には，教員と子供全員で一緒に運ぶとよいでしょう。「テーブルを運ぶ」という行動一つとっても協同作業です。持ち上げる高さ，歩く速さ，目的地に向かうルート等，他者を意識してみんなで力を合わせることができるように声をかけながら行います。

立ち位置をマーキングしたり黒板の名前札の並びで座席位置を示したりする

　前に出て発表したり，日直がはじめの会の司会をしたりする活動もあることでしょう。あらかじめ，子供の立ち位置をマーキングしておきます。座席もわかるように，黒板に名前札を貼ります。教室を構造化することで，言葉で指示しなくても子供が考えて動くことができるようになります。

プレイルームの配置

❶用意するもの
- ホワイトボード（黒板が設置されている場合は必要ない）
- ビニールテープ

❷セッティング
　プレイルームでは，粗大運動やゲーム的な活動を行うため，机や椅子は設置せず，子供は床に座ることが多いでしょう。座る場所は，あらかじめビニールテープでマーキングしますが，どのグループでも対応できるように小集団の最大人数分の枠をつくっておきます。構造的にするために，色を分けたり，枠に「あ，い，う……」などと印をつけたりして，ホワイトボードにだれがどこに座るのか明記します。
　プレイルームがなく学習室と兼用する場合は，床に大きくマーキングする

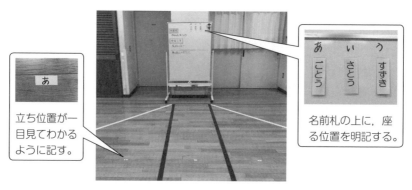

立ち位置が一目見てわかるように記す。

名前札の上に，座る位置を明記する。

立ち位置や移動する場所がすぐわかるように印をつける

と，視覚的な刺激が多くなることが考えられます。床に10cm程度のテープを貼り，そこにつま先を合わせて立ったり座ったりするように指示してもわかりやすいです。

教材教具

❶用意するもの

- 名前札　子供用各２枚（座席用と日直当番用），教師用各１枚
- 先生の顔写真つきの紹介表
- はじめの会　日直台本
- 花丸シール等（視覚的評価物）
- 活動記録用紙（毎回，子供の様子や発言をＴ２が記録しておく。）
- 教室のルールや合言葉の掲示物　※次頁写真参照
- イヤーマフ，バランスクッション，リーディングスリット等の支援グッズ

❷教材教具の意図

　名前札は，座席位置や日直を示すためだけが目的ではありません。週に１回の通級による指導では，他のクラスや学年の友達の名前を覚えることが難

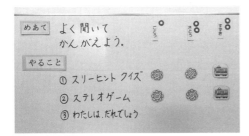

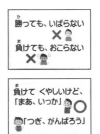

板書例・日直台本・掲示物
視覚的に評価することで意欲を高め，「できた！」と実感する

しい場合があります。そのため，名前札があると友達の名前を呼ぶ時に役立ちます。はじめの会では，日直が出席確認のために呼名するようにすると，さらに仲間意識を育てることができます。欠席の場合にも札を掲示しておくことで，友達の存在を感じることができます。

　花丸シールは，活動に参加できた時や目的を達成した時に視覚的に評価するために貼ります。また，発表や質問した回数分の丸マークを貼ったり，話を聞く場面で望ましい態度になった時に貼ったりして，即時評価することでやる気を奮起させます。子供が好きな電車やキャラクターを用意すると，より一層意欲が高まります。

　支援グッズは，子供のニーズに合わせて試しに使えるように様々な種類のものを用意しておきます。子供が何に困るのかを把握して，どのような場面でどんな使い方をしたらよいのか，実際の活動を通して自分に合う活用方法を見つけていけるようにします。さらに，グッズを使うことに対して心理的抵抗を減らし，合理的配慮を受けやすくしていく目的もあります。

　小集団活動では，互いに認め合いそれぞれの個性を尊重しながら楽しく，そして「できた！」と実感できるような時間を目指していきましょう。

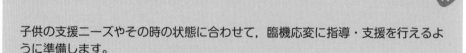

6 個別学習用の教室環境の整備
～「困った」に寄り添う指導のための準備をしよう～

子供の支援ニーズやその時の状態に合わせて，臨機応変に指導・支援を行えるように準備します。

（後藤　清美）

机の配置

　机と椅子の高さは，なるべく子供の身長に合うものを用意します。

　机の配置は，大きく分けて２パターンあります。一つ目は，子供と指導者が向かい合う配置です。指導者との距離が近く，学習課題の説明を机上で行うため子供は教材に注目しやすく，指導者も細やかな指導がしやすくなります。向かい合うことで緊張する子供の場合は，机を横に並べて学習します。二つ目は，在籍学級と同じように，黒板の方を向いて指導者と一定の距離をとって着席し，指導者は立って指導する配置です。一斉指導での話の聞き方やマナー，注目の仕方や視線の移動を実践的に学べます。どちらの配置にするのかは，子供の課題や目標に合わせて変えます。

　学校によっては，個室が用意できない場合もあります。他の子供となるべく離れた場所で，ホワイトボード兼衝立を用いて仕切ります。子供の視界の先に，他の子供が入らないように工夫します。筆記用具や学習プリント類はもちろんのこと，鉛筆削りなどの文房具も，指導者が席を外さなくてもよいようにあらかじめ準備しておきます。それらは可動式の引き出しに入れ，活動内容に合わせて臨機応変に教室内の配置を変更できるようにします。

子供の指導目標や施設の環境によって，机の配置が変わる

学習予定と振り返り

　その時間の学習予定を提示します。学習内容の順番は指導者が意図や指導の効果を考えて設定する場合もありますが，子供の意欲を高め自己決定力を育てるためにも子供が順番を決める場合もあります。そのため，学習内容を一つずつカードに記して，場合によって順番を入れ替えることができるようにします。

　学習後の振り返りとして，自己評価したり，指導者が取り組みの様子を記録したりする用紙を準備します。保護者，在籍学級の担任との連絡帳と併用することが多く，各教室の活動の実態に合わせてわかりやすくて使いやすいように様式を工夫します。

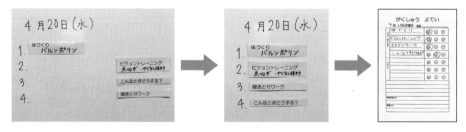

指導のはじめに学習内容の順番を子供が決め，学習後に自己評価する

気持ちの切り替えグッズ

　いつも穏やかな気持ちで活動できるとは限りません。時には，イライラしたり落ち込んだりすることもあります。そのような場合は，子供と話をすることも大切ですが，話したがらない場合には無理に聞き出そうとせず，上手に気持ちを切り替えられるように支援します。トランポリンやスウィング，キャッチボールなどの粗大運動がよい場合もありますが，静かにクールダウンした方がよい場合もありますので，数種類のグッズを準備しておきます。触感覚や視覚，固有感覚を刺激するようなスクイーズ，プッシュポップ，ハンドスピナー，オイルタイマー，声真似するぬいぐるみ，立体迷路等です。魅力的な物が多いので，使用の目的を子供に説明してクールダウンをする時だけ貸し出す等のルールを共有しておくことが必要です。

　子供が癇癪を起こしていたり落ち込んでいたりする姿を見ると，指導者としてはどうしても理由を聞き出そうとしたり説諭したりしようと焦ってしまいます。しかし，それがさらに刺激となり不穏な状態を長引かせることになり兼ねません。まずは，ありのままを受け止めて落ち着くまで待ち，活動に取り組めるようになった時にほめるなどして，「気持ちを切り替えることができた。」「こうすれば落ち着ける。」という成功体験になるよう支援することが通級指導教室の役割です。

気持ちの切り替えグッズは，小スペースでも使用できるものを準備する

教室掲示の工夫

　共用スペースや学習室の壁面を活用します。ソーシャルスキルや言語に関する内容，ビジョントレーニングや体づくりに関することを掲示します。ソーシャルスキルや言語に関する内容は，一度や二度指導しても忘れてしまいがちですが，常に視界に入るところに掲示しておくと，記憶に留めやすくなります。また，指導していないことでも興味を示して，考えたり，取り組んだりするきっかけにもなります。さらに，子供参加型のコーナーを設けると，掲示物に対してより一層関心が高まります。『気もちの木』（「うれしい」「さみしい」などの感情を葉に書いて木に掲示する取り組み）等，子供の考えを貼れるようにしておくと，「他の人はどう考えたのかな？」と，他者の考えを知ったり違いを認識したりすることにもつながります。個別指導では，子供によって目標が異なるため，活動内容も異なります。しかし，どんな子供にとっても「これを知っていると困った場面で生かせる」という情報もたくさんあります。子供に知ってほしいことや考えさせたいこと，取り組んでほしいこと等を，わかりやすく伝えられるように教室掲示を工夫しましょう。

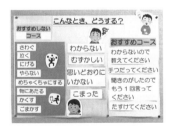

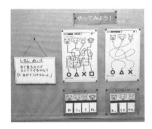

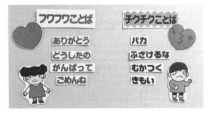

個別や小集団で学習したことを掲示して，
記憶に残るようにする

第2章

4月
出会いを
ぐんと楽しくする
教室はじめアイデア

通級に通うのが楽しい，安心安全な場所だと
子供に思ってもらえるように，まずは様々な
工夫を行います。

1 初日の指導「通級の開始式」
～学びはじめが楽しみになるシカケ～

子供の緊張をほぐして「通級指導教室は楽しいところ！」と感じ，次回から来るのが楽しみになるようにします。

（渡辺　智）

子供に寄り添い準備する

❶子供に対する事前の実態把握

　教育相談の時に保護者から聞き取りをし，子供との活動を通して，子供の興味関心や強みを把握し，それを配慮した内容を準備します。また，次回からの指導の見通しをもたせて，通級への意欲を高めさせます。

❷用意するもの

　スケジュールボード，連絡帳ファイル，ご褒美シール，自己紹介カード，MIM「読み名人」シート，タイムタイマー，ジャンボ風船，ブロワー

通級の開始式の流れ（対象：学習に困難のある低学年の子供）

　はじめに，本時の指導の内容をスケジュールボードに順番に書き，子供と確認して見通しをもたせます。各項目終了時に花丸をつけて頑張りを称賛します。通級による指導ではいつもこのボードを使って学習を進めることを伝えます。

　次に自己紹介の後，通級指導教室用の連絡用ファイルを子供と一緒に作成

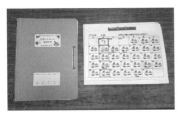

連絡帳ファイル

MIM「読み名人」

タイムタイマー

ジャンボ風船

します。表紙に名前を書いたり，ご褒美シールの貼り方について説明します。

　用紙を綴る時に穴開けパンチを使うのが楽しみな子もいます。保護者や在籍学級の先生にもコメントを書いてもらうことを伝えます。

　少しですが自立学習の課題にも取り組ませます。この子の場合には MIM「読み名人」のプリントをしました。ゲーム的な要素を含む課題を用意します。意欲的に学習への心構えをつけさせることが大切です。

　最後にプレイルームで教室定番の「ジャンボ風船遊び」を行います。大きなゴム風船をブロワーで膨らませると，子供はワクワクしながら見て，風船の大きさにビックリします。大盛り上がりの後，開始式を閉じます。

「開始式」では，通級指導教室でしか味わえない体験を

　はじめて通級による指導を経験する子供は，「ここは何をするところだろう？」と不安と興味の気持ちでいっぱいです。そんな子供の心に寄り添って，通級指導教室でしか味わえないような楽しい開始式で指導をスタートしたいものです。

【参考文献】・海津亜希子『多層指導モデル MIM 読みのアセスメント・指導パッケージ』学研

2 先生との関係づくり
～子供と先生が互いに心開いて話し合える 関係づくり～

人間関係をつくることが苦手な子が多く通ってくる通級指導教室。担当の先生との信頼関係や豊かな人間関係をつくれるように心がけます。

（渡辺　智）

人間関係を深めるための言葉・心・体を使おう

❶子供の特性に応じた関係づくり

　個別指導中心の通級による指導では，子供と先生との人間関係が心開かれた親しいものかどうかが要となります。言葉での表現が苦手な子もいて，心が通い合う活動や体を使った活動を一緒にすることが有効な場合もあります。

❷用意するもの

　自己紹介カード，対人型ボードゲーム（神経衰弱，オセロ等），対人型スポーツ運動（キャッチボール，バトミントン，チャンバラ等）

関係づくり活動の手順

❶カードを使った自己紹介

　まず，「氏名」「学年・組」「在籍学級の担任名」「好きな教科」「好きな食べ物」「得意なこと」などの質問内容をカードにします。ランダムに質問を選んでいくことで興味関心が高まります。先生と一緒に行い，まずは先生が答えて手本を示すと，子供はより答えやすくなります。

オセロ

バトミントン

チャンバラ

なまえ	がっこう	すきなたべもの
すきなきょうか	すきなスポーツ	すきなあそび
たんにんの先生	とくいなこと	にがてなこと

自己紹介カード

❷対人型ボードゲーム

　言葉によるコミュニケーションが苦手な子供には，相手の心を読みとるような対人型ボードゲームを行うと，自然に心が開け，互いに身近に感じられるようになります。教室では神経衰弱やオセロ等を用いることが多いです。

❸対人型スポーツ・運動

　多動系の子供たちとの関係づくりでは，対人で体を動かす活動が有効なことが多いです。ドッジボールを使ったキャッチボールをしていると，次第に心がつながる感覚になります。高学年ではバトミントン，低学年では発泡スチロールの剣を使ったチャンバラごっこでも，大いに盛り上がりますよ。

子供たちは関係を求めている

　学校は，どうしても言語によるコミュニケーションが中心の場所になりがちです。しかし，通級指導教室に通う子供たちは，それが苦手な場合が多いのです。通級指導教室では，ノンバーバルなコミュニケーションの手法も利用しながら，まずは先生との関係を深め，それを広げていきたいと思います。

3 子供同士の関係づくり
～通級指導教室で知り合った子供同士の 素敵な関係づくり～

通級指導教室の先生と培った人間関係やコミュニケーションの経験を，さらに子供同士でも体験し，広げていきます。

（渡辺　智）

仲間づくりやアイスブレイクのためのちょっとした活動

❶通級指導教室で知り合った子供たちの関係

通級指導教室には，各校から子供たちが通ってきますが，同じ通級指導の時間帯に互いに知り合うことがあります。意図的な集団指導の場合もあり，たまたまプレイルームで一緒になることもあります。お互いはじめてなのに意外とすぐに仲よしになります。様々な事情のために人間関係が築きにくい在籍学級から離れ，気軽に関係をつくれるのかもしれません。

❷用意するもの

ボッチャの用具，ドミノ倒しの板，少人数で遊べるゲーム類

仲間づくりのための様々な活動

❶ボッチャ

パラリンピックの正式競技種目で，東京大会でも話題になりました。「どれだけボールを的に近づけることができるか」を競うシンプルなルールですが，様々な駆け引きやハプニングがあり，仲間づくりには最適です。

SSTボードゲーム
「なかよしチャレンジ」
（クリエーションアカデミー）

ドミノ倒し

ボッチャ

❷ドミノ倒し

　通級指導教室にくる子供の中には，NHK教育番組の「ピタゴラスイッチ」のような，物の動きに興味をもつ子供も多くいます。ドミノ倒しは，参加する子供たちが慎重に板を並べ，最後にそれが一つになって倒れていくという，単純かつ達成感のある遊びで，一緒に遊ぶとすぐに仲よしになれます。

❸少人数で遊べるゲーム

　その他，手軽に少人数で遊べるものとして「黒ひげ危機一髪」「UNO」「魚釣りゲーム」「ボウリング」等を教材として用意しています。また，「なかよしチャレンジ」（クリエーションアカデミー）といった，ソーシャル・スキル・トレーニングを加味したボードゲームを用いることもあります。

通級指導教室には,人との関係づくりのチャンスがたくさんある

　大きな集団では，なかなか関係をつくれない子も，個別から小集団へと少しずつ関係を広げていくことで，人間関係に対する自信や安心感を獲得できるのではないかと考えています。

4 教室環境との出会い
～通級指導教室の使い方・通い方の説明～

在籍学級にはない，小さな指導室やプレイルーム等，通級指導教室独特の施設や設備を子供に知って楽しんでもらいます。

（渡辺　智）

通級指導教室探検をして，通級指導教室の秘密を知ろう

　通級指導教室は，在籍する学校にはない施設で，独特の教室環境に戸惑う子供たちもいます。指導のはじめに教室の様子や使い方を知り，安心して，スムーズに課題に取り組めるようにしたいと思います。

通級指導教室探検の流れ

❶指導室にある秘密（自立活動のための工夫）を知ろう

　通級指導教室では「自立活動」が主な指導内容であり，そのための教室環境が整えられています。まず，指導室は個室で，指導者と一緒に落ち着いて学習するための場所であることを伝えます。椅子は自分の背の高さに合ったものを選ばせます。姿勢保持のため座面にヨガマットが貼ってあり，姿勢保持を促し，その上にバランスボードというクッションをおいて体幹保持の練習をさせ，姿勢を正すことを意識させます。また，学習に見通しをもたせるためにフィニッシュBOX を用意し，課題を終えると「かだい BOX」から「しあがり BOX」に移すことを教えます。

　本教室には，三つの指導室と保護者控え室，職員室，プレイルームがあり

ヨガマット

バランスボード

椅子の工夫
（姿勢保持のため）

終わった課題
を移す

フィニッシュBOX

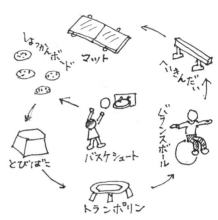

サーキット遊び

ます。指導の初期に教室探検の課題を設けます。探検で他の指導室へ行く時には，ドアをノックし，挨拶をすることを練習します。指導中の他の担当教師や他校の子供との出会いの場ともなります。

❷プレイルームにある遊具等の施設について知ろう

　プレイルームには，トランポリン，マット，跳び箱，平均台，ステップ練習具等の遊具があります。それらを並べてサーキットにして遊びます。プレイルームにはどんな遊具があるか知ったり，使い方を知る機会となります。このサーキット遊びは，普段の指導にも取り入れています。

通級指導教室はホッと安心できて，ワクワクもする居場所

　子供たちの情緒を安定させ，頑張る気持ちを培う基礎は，「安全・安心・探求」の場所が与えられることだと言われます。通級指導教室が，そのための居場所であることを，子供たちに早く知ってもらい，毎回楽しみに通ってきてほしいと願っています。

5 保護者への通級説明会
～保護者との共有の場～

通級指導教室の目的や内容，通級にあたっての留意点などを保護者に知っていただき，子供たちの様々な困難さについても伝える機会にします。

（渡辺　智）

有意義な通級説明会にするために

❶通級指導教室の教育的な意義について知っていただく機会

通級指導教室では，保護者は我が子と担任との個別の関係に注目しがちですが，通級指導教室が置かれている教育的な意義や立場などの全体的な役割について伝えることは個々の指導においても大切なことです。

❷通級説明会のための準備資料

通級指導教室要項（教室の成り立ち，担当する行政区分，時間割，指導内容，通級のルール，通級の終了，在籍学級との連携，連絡帳ファイル等），学習会資料

通級説明会の流れ

①はじめの言葉
②設置学校長の話：設置校としての責任・人的配置，環境整備等，学校としての組織的な運営が行われていることを伝えます。
③教室主任の話：まず，通級指導教室の成り立ちや，担当地区のこと，設置

保護者の皆様へお願い

1　駐車場は体育館南側，プールの東側です。体育館まで進み，縦列駐車をしてください。気を付けて駐車をお願いします。
2　体育館の脇を進み，運動場を通って，児童玄関西側のサポートルーム専用の玄関より校舎に入ってください。
3　靴は，サポートルームの玄関を入った右側の靴箱に入れてください。スリッパをお使いください。
4　待合室の図書について
　・本を借りたい時は，担当者に申し出てください。
　・本は，必ず元の場所に立てて返してください。
5　待合室での飲食はご遠慮ください。
6　プレイルームは，親子のみの使用はできません。
7　用事のため学校を離れる場合も，指導が終了する5分前にはお戻りください。
8　絨毯の指導室もありますので，必ず靴下を着用させてください。

| 通級説明会 | 通級のルール説明 |

の意義について伝え，通級指導教室が公的な教育リソースであることを知っていただきます。次に，指導の場所（指導室・プレイルーム）や時間，指導内容（自立活動のこと）等を話し，どのような指導を受けられるか理解してもらいます。最後に，通級のルールや留意点の説明をして通級がスムーズに行われるようにします。質問も受けます。

④ゲーム：指導の中で使う簡単なゲームや手遊び・クイズなどを選んで行うと場が和みます。子供の気持ちを体験してもらうこともできます。

⑤学習会：簡単な学習会を開きます。特別支援教育や子供たちの障害に関しての話を聞くことが少ない保護者も多く，広く障害について考え，子供の支援にも見通しをもてるよい機会になります。その後の子供たちの支援にも役立つと思われます。

通級指導教室で，新しい出会いや広い考えを経験してほしい

通級指導教室で，保護者が集まることはあまりありませんが，その貴重な機会を使い，広く子供の支援を見つめ直していただきたいです。来てよかったなと思える通級説明会を実施したいです。

6 在籍学級との連携連絡
～様々な視点から子供を見守るために～

立場が違えば，一人の子の見方も違います。在籍学級の担任と通級指導教室担当教師とが互いに連携・連絡し合い，その子の本当の姿とその変容を探ります。

(渡辺　智)

通級指導教室での学びが，在籍学級へ

　通級指導教室の子供たちが少しずつ身につけた力を，在籍学級で発揮できるかどうかは，在籍学級の担任と，通級指導教室担当教師との関係が大切です。両者のパイプがスムーズだと，子供たちは大きく変わっていきます。

連携・連絡のツール

❶在籍学級の担任からの聞きとり

　通級の相談があると，その子の在籍学級の担任と面談や電話で情報交換を行います。特にクラスでの学習面・生活面での困り感，これまで行われてきた個別の支援についてお聞きして，共に考えていくことを伝えます。

❷通常の学級での様子の観察

　子供が個々に見せる姿と，集団の中で見せる姿は大きく違います。在籍の学校を尋ねて，授業中や休み時間の様子を直接見せていただくこともあります。通級している子供だけではなく，学級全体の雰囲気，授業や教室環境も参考にし，通級指導教室の子供がどこで困難を感じているかを在籍学級の担

在籍学級の授業参観

在籍校を訪ねての連携

連絡帳ファイル
による連携

任と共に考えます。子供の作品やノートなどから，読み書きの苦手さや，情緒の状態について気づくこともあります。

❸連絡帳ファイルによる連携

　通級による指導の様子を連絡帳ファイルに書き，保護者や在籍学級担任と交換します。担任から在籍学級の細かな様子も伝えられます。「○○くんとトラブルがありました。」とあればソーシャルスキルトレーニングに結びつけたり，「○○のテスト頑張りました。」とあればほめたりできます。

❹個別の指導計画の作成と活用

　在籍学級担任からの情報も参考に，自立活動の目標や内容を踏まえ「個別の指導計画」を作ります。その中から，在籍学級での配慮事項を考えて，在籍学級担任にも伝えます。子供の学習や生活の場を支える手立てとして活用していただければと思っています。

在籍学級で「うまくやれる力」をつけることが目標

　通級指導教室で子供たちは元気になります。落ち着きます。自信をつけます。でも，その力を在籍学級での学習や生活につなげられなければ，残念なことです。両者がしっかりとつながって子供たちを羽ばたかせてほしいです。

第3章

5月
指導はじめのための
個別の指導計画

保護者，学級担任，関連機関からの聞きとり，実際の子供の観察，心理・発達検査の活用を通して子供をしっかり見とり，作戦を練ります。

1 実態把握・アセスメントの ポイント

～多面的に情報収集しよう～

個別の指導計画を作成するにあたり，何に困りがあるのか，どんなことが得意であるのか，生かせる資源は何があるか等を確認します。

（山下　公司）

実態把握とアセスメント

❶実態把握のポイント

　実態把握とは，文字通り子供の実態を把握することですが，その方法は，大きく分けて三つあります。①観察法，②面接法，③検査法です。

　観察法とは，子供の行動を観察し，実態把握する方法です。学級での様子を実際に見学したり，子供の作品を見たりすることも重要です。クラスでの様子を見学する場合には，その子の困りに応じて，座学の場面，集団活動場面，休み時間といった自由場面などを見学する場面を考えるとよいでしょう。

　面接法とは，子供本人や保護者，在籍学級担任との会話等のやりとりを通して実態把握する方法です。インテーク面接（初回面談）や日常的な会話の中から実態を把握していきます。子供との関係ができてきた段階で，何に困っているのか，どんなことができるようになりたいかなどの願いをしっかりと聞きとるとよいでしょう。その子のよさや好きなことを把握しておき，その子供との出会いを大切にするためにも，子供と出会う前に在籍学級担任や保護者とやりとりできるとよいでしょう。

　検査法とは，フォーマルな検査（ウェクスラー系心理検査，KABC-Ⅱ，標準化された読み書き検査，チェックリスト等）で実態把握する方法です。

検査実施については，それぞれ実施できる要件が異なりますので，販売元の
HPなどでご確認ください。ただし，自分自身が検査を実施しなくとも，子
供が相談機関等で心理検査を受けている場合は，担当心理士と連絡をとって
それらの情報を支援・指導の参考にするとよいでしょう。

❷アセスメントのポイント

　実態把握で得られた情報を整理していきます。アセスメントとは，単に実
態把握するのみではなく，支援・指導につなげるための情報収集です。困難
さの背景要因として何が考えられるか，"なぜ"困りが生じるかを検討して
いくことが重要です。主訴（本人や保護者，担任の先生の困り）を念頭にお
きながら実態把握していくと，より深く把握することができるでしょう。

　多面的に実態を捉えていくために，ある程度のカテゴリーに分けて，整理
していくとよいかもしれません。以下に，本校で活用しているアセスメント
表の項目を示します。参考にしてください。

　①主訴：本人，保護者，担任の先生の困りや願い
　②家族構成・家庭状況
　③生育歴・教育歴・連携機関
　④言語・コミュニケーション
　⑤行動面・社会性・対人関係
　⑥運動動作・作業的活動・身体・感覚
　⑦諸検査結果
　⑧学力・在籍学級での様子
　⑨基本的生活習慣・放課後活動・その他
　⑩よさや得意な面

【参考文献】
・小野寺基史『デキる「指導者・支援者」になるための極める！アセスメント講座』明治図書

2 実態把握
保護者からの情報収集
～保護者の捉えている子供の姿を把握しよう～

子供の姿を的確に把握し，保護者にも個別の指導計画作成に参画してもらうようにします。

（山下　公司）

願いを把握する

　保護者は子供に対してどんな姿になってほしいかという願いを必ずもっています。「漢字を読めるようになってほしい。」「忘れ物をしなくなってほしい。」「友達と仲よくしてほしい。」など，子供の実態によっても様々です。本人の願いを中心にすることはもちろんですが，保護者の願いも把握しておきましょう。そうすることで，共通認識が生まれ，子供の支援において，保護者が共同参画者となります。場合によっては，子供の現状から離れてしまっている（達成が難しい）願いを抱く場合もあります。通級指導教室担当教師は，子供の支援の専門家として，あれもこれも求めるのではなく，現状最優先にするべき課題が何かを保護者の願いをもとに，共有していきましょう。

これまでの育ちを把握する

❶生育歴の聞きとり

　子供が生まれた時から現在までの様子を一番把握しているのは保護者です。現在の子供の様子のほか，家族の状況や生まれてから今までのエピソードなどの生育歴，相談機関や医療機関で相談などをしている場合には，相談歴，

幼稚園や保育園での様子，就学してからの様子などの生育歴を聞きとってい
きましょう。保護者から聞きとる際には，できるだけ保護者にとって理解し
やすい平易な言葉で聞きとりましょう。「初語は何歳頃で，どんな言葉でし
たか？」と聞くのではなく，「はじめて意味のある言葉，お母さんのことを
『まま』等と話したのはいつくらいでしたか？　それはどんな言葉で，どん
な時に言っていましたか？」と具体的に聞くとよいでしょう。また，面接の
場面でいきなり聞かれても思い出せないことも多々あります。そこで，事前
に書き込んでいただく資料をお渡しして，それに記入してもらい，それをも
とに聞きとっていくとスムーズかもしれません。

　乳幼児健診での様子も聞きとっておきましょう。保健師からのアドバイス
で他機関とつながったということもあるかもしれません。その当時の保護者
の心配など，苦労を労いながら保護者の立場に寄り添って聞きとりできると
いいですね。

❷関係機関の情報などこれまでの療育や教育についての聞きとり

　医療機関や相談機関などの関係機関を利用している場合や，放課後等デイ
サービスなどの療育機関を利用している場合があります。また，就学前に幼
稚園や保育園を利用されていることがほとんどです。そこで，直接関係機関
と連絡をとり，情報収集することも必要になりますが，まずは保護者から関
係機関においてどのようなアドバイスがなされたのかなどを聞いておくとい
いでしょう。療育機関を利用されている場合は，そこでの支援計画も保護者
からもらい，個別の指導計画作成の際に参考にしましょう。

　幼稚園や保育園での過ごし方も聞きとりましょう。集団活動の様子はどう
であったか，友達とのかかわりはどうであったか，行事への参加の仕方や制
作活動など設定された活動への参加はどうであったか，読み聞かせ等への参
加はどうであったか，現在の困りにつながる困りが幼少期から継続されてい
たかを把握しておくことは重要です。就学にあたって，担任の先生から助言
があったか，どのような引継ぎがなされたかもぜひ確認してください。

3 実態把握
学級担任等からの情報収集
～共に支援するための最初の一歩～

子供の姿を的確に把握し，また，学級担任や特別支援教育コーディネーターと共同作戦を立てられるようにします。

（山下　公司）

子供を観察する

　通級指導教室では先生の話をしっかりと聞いて行動し，課題にも熱心に取り組んでいる子でも，担任の先生に話を聞くと，在籍学級では課題に取り組まずに立ち歩いて他の子供の邪魔をしているという話はよくあります。子供は，環境によって見せる姿が違います。どちらが本当の姿ということはなく，どちらも本当の姿です。そのため，在籍学級での子供の姿は把握しておく必要があります。積極的に子供の様子を観察しましょう。子供によって，困りの表れ方が違いますので，観察する場面は，どの教科の授業か，また，授業場面でも座学で授業を受ける場面なのか，友達とかかわり合うグループ活動の場面なのかも検討するといいでしょう。授業場面だけではなく，休み時間の様子や給食・清掃の様子，朝の支度の様子なども，子供の困りに応じて参観するといいかもしれません。子供の様子を観察する場合には，指示理解，周りの子供とのかかわり，学習への参加状況，どのような座席配置かなども確認しますが，ただ"できない"というのではなく，どのようなかかわりであれば理解しやすいか等も観察のポイントになります。環境調整を行う意味でも，対象の子供だけを観察するのではなく，その子供を含めた学級全体を観察しましょう。

また，掲示物など子供の作品もチェックポイントです。学習ファイルなどをチェックしましょう。日常の子供の学習の様子がよく表れています。観察したことをもとに，学級担任と懇談をします。その時に，気になった作品や学習資料について，それができあがった経緯（先生と一緒に取り組んだ，友達が手伝ってくれてなんとか完成していた等）も含めて聞くことができると，より深い実態把握が可能となります。

学級担任や特別支援教育コーディネーターからの聞きとり

　子供が主に過ごしているのは，通常の学級です。ということは，主な支援を行うのは，学級担任です。そこで，学級担任が子供をどう捉え，どのように支援しているかを聞きとりましょう。子供の困りに対し，現在どのような配慮や支援が行われているのか，どんなことに困っているのかを把握します。多くの子供たちを日々指導しながらなので，漠然と聞いてしまうと漠然にしか答えてもらえません。学級担任が「そういえば……。」となるように，場面を限定して話を聞きましょう。「友達との関係はどうですか？」という質問よりも，「休み時間は何をして過ごしていることが多いですか？」「それは友達と一緒に行うことが多いですか？」など，具体的に答えやすく，その子供の動きを想定できる質問を心がけましょう。

　また，学校体制としてどのように支援されているか（例えば，特別支援教育支援員がどの程度活用されているか，校内でのリソースはあるのか等）を特別支援教育コーディネーターと確認するといいでしょう。そのため，学級担任との懇談をお願いする際には，特別支援教育コーディネーターも同席していただき，学校としてその子供のことをどう理解し，支援を進めているかを把握しましょう。場合によっては，その子供の支援を考えていく時に，学級担任以外の先生に協力していただく場面が出てくるかもしれません。その際には，特別支援教育コーディネーターをキーマンとして連携していくと，子供の支援がスムーズに進みます。

4 実態把握
関係機関からの情報収集
～立場の違いを理解しての情報共有～

より多面的な子供の見立て（アセスメント）を行うために，丁寧に行います。

（山下　公司）

立場の違いを尊重する

　関係機関（例えば，医療機関や相談機関，療育機関など）との連携はとても重要ですが，その大前提として立場の違いを理解しておく必要があります。子供や保護者への支援という共通点はありますが，それぞれの役割が違います。役割が違うということは，できることも異なります。医療機関では，機関にもよるかと思いますが，理学療法，作業療法，言語療法，心理療法などのセラピー，投薬による治療が主な業務です。相談機関では，保護者からの相談を受け，家庭での対応に関するアドバイスや心理相談などを行います。療育機関では，放課後や休日の余暇支援，発達促進支援などが主な業務の場合もあります。

　それぞれの立場が違うことを理解したうえで情報共有ができると，子供を多面的に捉えることができ，よりよい支援を行うことができます。教員はややもすると，ジェネラリストであることを求められ，全てを教員が行わなければならないという錯覚に陥ります。しかし，関係機関との連携のもと，それぞれの専門性が発揮されることが子供にとって最もよい支援と言えるのではないでしょうか？　そのためにも，関係機関と顔の見える関係を築き，それぞれの立場を尊重していきたいものです。

どんな情報を共有するかを考えて，情報収集する

　医療機関等で心理検査を実施している場合，基本的には保護者を通じて結果について情報を得ることがあります。しかし，保護者向けの資料では，詳細なことは記載されていないことも多いです。子供の実態によっては，より詳細な情報があることで支援方法が明確になる場合があります。その場合は，保護者に了解を得たうえで，関係機関に連絡をとりましょう。場合によっては，受診の際に同行することも検討しましょう。

　子供によっては，作業療法を受けていて，その結果を学校に持ってくることがあります。しかし，その報告書は作業療法士が専門的に書いていて，理解が難しいこともあります。そこで，やはり直接セラピー場面を訪問して，その報告書の意味を理解するといいでしょう。報告書だけ見て，なんとなくわかった気になってしまっては，宝の持ち腐れです。

　療育機関でも，様々な支援が具体的に行われています。療育機関では，支援計画が作成され，それをもとに支援が行われていることがほとんどだと思います。そこで，支援計画をいただき，アセスメント情報の一部として活用するといいでしょう。教育とは違った立場からの見立てが指導の参考になります。

　それらの情報をもとに，学校ではそんな支援ができるかを考えていくことが重要です。関係機関との連携といった時に，「では，学校ではどうすればよいか？」と聞いてしまうことがあります。しかし，それぞれの専門家からの意見をもとに学校で何ができるかを考え支援することが，教員の専門性を発揮するということではないでしょうか？

　また，一方的に情報を得るだけではなく，学校側からも学校での様子を伝える等して情報共有しておくといいでしょう。関係機関も含め，同じ方向で支援できるとこれほど心強いことはありません。

5 実態把握
チェックリスト，
心理・発達検査の活用

より客観的な子供の見立てを行うために，活用していきます。

（山下　公司）

チェックリストの活用

　これまでも挙げてきたように，保護者や学級担任などから聞きとりをし，実態把握を行います。しかし，聞きとりのみでは聞き手のバイアス（聞き手の意図や思い）がかかる可能性が否定できません。そこで，ある程度客観的な指標としてチェックリストを活用するのも一つの方法です。例えば，「ソーシャルスキル尺度」（上野・岡田，2006）や「気がかりシート」（喜多・齊藤・山下，2022），「学習・社会性等のチェックシート」（喜多・齊藤・山下，2022）等は，学級担任にチェックしてもらいますが，とても簡便で，子供の支援の方針を検討するには具体的に何が課題かがわかりやすく，有効です。

　一つ目の注意点としては，チェックリストを行う時期です。学級担任に実施する場合は，年度が替わってすぐだと，まだ子供のことを十分に理解していないかもしれません。一定時間経過した段階で実施したほうがより信用に値する結果を得ることができるでしょう。

　二つ目の注意点は，これらは支援者や保護者がチェックするものであるため，評定者自身の観点や感情（子供把握の程度，願いや希望，過剰な心配や過小評価等）を大きく反映することがある点です。評定結果はそのような評定者の捉え方も踏まえたものであること，信頼性・妥当性の面で限界もある

ことを念頭に入れて活用していくことが望まれます。

気がかりシート

対象児 A

	気がかりなこと	チェック
1	書字が苦手である	☐
2	読字・読語が苦手である	☐
3	自分の気持ちや意見の表現が苦手である	☐
4	会話が一方的になりがちである	☑
5	相手を傷つける言葉を言ったり暴力をふるったりする	☑
6	自分勝手と思われる言動がみられる	☑
7	特定のことやものにこだわることがある	☐
8	感情のコントロールができずに，騒ぐことがある	☐
9	教室から離れることがある	☑
10	座っていられずに，立ち歩く，落ち着きがない	☐
11	苦手なことになかなかうまく取り組めない	☑
12	ぼんやりしていて，無気力に見える	☐
13	言葉の指示だけでは理解しにくい	☐
14	整理整頓が苦手である	☑
15	身体全体や手先の運動が苦手である	☐
	合計	6 点

喜多好一ほか『発達障害のある子へのやさしい「個別の指導計画」作成ガイド』明治図書より

チェックポイント・視点		チェック内容	1 できない (30%以下)	2 あまりできない (30～50%)	3 ほぼできる (50～80%)	4 できる (80%以上)	5 未確認
学習・社会性等のチェックリスト 記入者 山下公司　記入日 2022年 5月 XX日　児童・生徒名 B 男　3年 組							
聞く	個別の指示理解	個別の指示を聞いて行動する			○		
	一斉の指示理解	一斉の指示を聞いて行動する		○			
話す	言葉で伝える	思いを相手に分かるように話すことができる	○				
	言葉以外のやり取り	アイコンタクト・表情や態度により意思疎通ができる		○			
会話	会話の調整（集団）	声のトーンや言葉の抑揚、間のとり方、声の大きさが適切である		○			
	言葉づかい（集団）	正しい語句、丁寧な言葉、慣用句で話すことができる		○			
読む	読む	学年の教科書を流すように読むことができる			○		
書く	書く	文字の形や大きさを整えて書くことができる			○		
	視写	板書を時間内に写すことができる			○		
推論 計算	計算	学年相応の四則計算ができる			○		
	推論	言葉だけの説明で、簡単な絵や図が書ける			○		
心情の理解	相手の意図の読み取り	表情や指さしの指示だけで着席等の動作ができる			○		
	気持ちの理解	相手の嬉しい気持ちや悲しい気持ちなどが理解できる		○			
	相手との距離	物や人との適切な距離を把握することができる				○	
社会性	あいさつ	あいさつや返事ができる		○			
	きまり	きまりを守って、みんなと行動できる				○	
	遊び・協力	友達と遊んだり協力して行動できる			○		
固執 衝動性	切り替え	予定変更があっても、気持ちを切り替えて、順応した行動ができる				○	
	感情の抑制	パニックを起こさずに感情をコントロールできる				○	
	こだわり	何かに固執しないで行動できる				○	
多動性	順番・ルールの理解	順番やルールを守って行動できる				○	
	多弁	口を挟まずに最後まで聞くことができる				○	
	多動	授業中、座っていることができる				○	
注意	整理整頓	机の中やロッカーの整理整頓ができる				○	
	持ち物	忘れ物なく、持ち物をなくさないで管理できる				○	
	集団行動の状況	列に並んだり、周りを見て一緒に活動できたりする				○	
運動	粗大運動	全身を使った運動ができたり、模倣運動ができたりする				○	
	微細運動	折り紙で角を合わせて折ることができる				○	

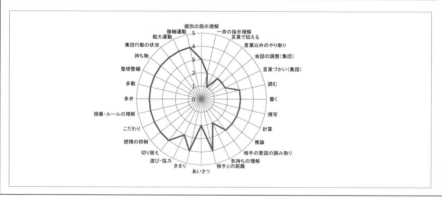

喜多好一ほか『発達障害のある子へのやさしい「個別の指導計画」作成ガイド』明治図書より

フォーマルな検査の活用

　フォーマルな心理検査としては，ウェクスラー式知能検査（WISC-Ⅳや WISC-Ⅴ等）が活用されることが多くあります。また，学習面で心配のある場合には，KABC-Ⅱがよく活用されます。

　詳細は別の良書に譲りますが，ウェクスラー式知能検査では，全般的な知的水準を確認したり，認知過程を検討したりする時に活用します。KABC-Ⅱは，認知尺度と習得尺度が算出され，学習状況が把握できます。学習方略を検討する時に活用しやすいと言われています。

　その他，視覚認知検査としてWAVESやDTVP（フロスティッグ視知覚発達検査），読み書き検査としてLD-SKAIP，STRAW-R，URAWSSなどが挙げられます。

　しかし，これら全てを実施する必要はありません。子供の実態に応じてどの検査を活用するかを検討してください。また，教員が実施するのではなく，関係機関で実施した結果をもらって，それを活用することもあります。検査結果を活用する際には，近隣の心理検査アセスメントに精通している教員や関係機関の心理士からアドバイスを受けてください。これまで聞きとった情報やチェックリストと合わせて解釈し，決して数値のみが独り歩きしないようにご注意ください。

　いずれにしても，検査結果を見て「やっぱりね。」で終えることなく，支援の方針まで検討して，はじめてアセスメントと言えるのではないでしょうか。

【参考文献】
・上野一彦，岡田智『特別支援教育　実践　ソーシャルスキルマニュアル』明治図書
・喜多好一，齊藤代一，山下公司『発達障害のある子へのやさしい「個別の指導計画」作成ガイド』明治図書

6 個別の指導計画の作成
～これまでの実態把握をもとに 個別の指導計画を立てよう～

指導の方針を明確にするために，支援者で支援の方針を共有していきます。

（山下　公司）

長期目標・短期目標の設定

　子供や保護者，学級担任の主訴（願い）を中心に，今取り組むべき課題を検討します。支援者の立場で客観的に子供の困りを捉え，その困りを解消するための目標を設定します。

　長期目標は，おおむね１年後に子供に達成してほしいものです。まれに，長期目標が何年も同じになっている場合があります。達成できない目標や具体的ではない目標を設定しているのかもしれません。適切な実態把握ができていなかったり，過剰に子供にできるようになることを求めていたりするかもしれません。子供の発達段階も考慮しながら，目の前の子供の１年後を想定して，具体的に長期目標を立てる必要があります。

　短期目標は，学校によって違いますが，半期ごと，あるいは学期ごとに達成できる目標を設定します。短期目標を積み上げていくことで，長期目標が達成されるイメージです。

　子供の困りが多岐にわたる場合には，あれもこれもと欲張ってしまいがちですが，取り組むべき課題の優先順位を考え，あれかこれか絞って目標設定するといいでしょう。

　長期目標を設定した段階で，短期目標を検討していきますが，短期目標を

達成していくために，どの場で支援を行っていくのか考える必要があります。通級指導教室を利用している子供の場合，基本的に通常の学級に在籍していますので，通常の学級での支援や配慮を中心に検討します。また，家庭での協力を仰ぐ場合，それも明記しておくといいでしょう。

　通常の学級は，基本的に集団活動が中心ですので，個別の指導計画の内容も集団を意識したものになります。家庭の支援については，過度に家庭に負担をかけないように検討していきましょう。通級指導教室での支援については，個に応じた支援が中心になります。しかし，特別な場で行う支援だからといって，決して個別に行うものではなく，子供の実態によっては小集団での指導が必要な場合もあります。あくまで「個に応じた」支援であるということを押さえておく必要があります。

　個別の指導計画を作成するのは，それぞれの場での支援を有機的に作用させていくためです。共通する長期目標を達成するため，通級指導教室での指導は通常の学級での配慮につなげていく〈補完型〉やそれぞれの役割を果たす〈分業型〉などが考えられます。子供の実態や支援体制をもとに，今すぐにできることを検討していきましょう。

個別の指導計画作成のポイント

❶具体的に記述する

　個別の指導計画を見た人がみんな同じ状態をイメージできるかどうかが重要です。例えば，目標を「板書を写すことができる。」とします。さて，この言葉からどのような姿をイメージされるでしょうか。一字一句漏らすことなく文字のバランスもよく，しかも見やすいノートを書く姿をイメージされる方もいるでしょうし，とにかく板書を写そうと意欲的に取り組む姿をイメージされる方もいるでしょう。イメージする姿が異なるということは，その目標が共通言語になっていないということです。そこで，子供の行動をもとに場面をより限定していくとイメージが共有できます。「板書を写す時に，

先生から指示された部分を正確に写すことができる。」おそらくこの文言から想像できる姿は，おおむね共有できるのではないでしょうか？

❷評価できるかどうか検討する

目標は評価可能であるかどうかが重要です。行動に関する目標の場合，観察により評価を行うことが多いですが，求める行動の回数や頻度などを指標としたり，複数の支援者で行動を評価し，評価の内容が一致したりすることが重要です。学習面における目標の場合は，テストや確かめ課題などで測定可能な目標にしましょう。

❸本人との共同作戦で取り組む

子供自身が課題に対して主体的に取り組めるようになることが重要です。そのために，個別の指導計画においても，子供自身が目標を意識できる内容，文言になるといいでしょう。そのために，子供自身がどうなりたいか主訴や願いを本人に聞いておき，その内容を盛り込んでいくことが重要です。そうすることによって，子供と共同戦線を張る（室橋，2016）ことが可能になってきます。

❹具体的な手立ては，子供の得意を生かし苦手を軽減するものにする

子供の得意なことや好きなことを把握しました。また，様々な聞きとりから子供の理解しやすい方法も見えてきています。心理検査等から認知特性も把握してきました。それらをもとに具体的手立てを検討しましょう。「苦手だから鍛えましょう。」という発想ではなく，どんな手立てがあれば目標を達成できるのか検討し，具体的に書きましょう。

【参考文献】
• 室橋春光「土曜教室活動の意義」北海道大学大学院教育学研究院紀要，124，93-105.

個別の指導計画例（一部抜粋）

支援に生かすことのできる本児のよさ
・運動は好きである。　　　　・料理に興味関心がある。

本人や保護者の願い

本　　人：運動を頑張りたい。
保護者：読みやすい字を書いてほしい。

> 長期目標・短期目標ともに，子供の
> 視点で書きましょう。

長期目標	支援の手立て
目標達成の目途〈5年生終了頃までに〉	
・書く活動にじっくり丁寧に取り組むことができる。 ・得意なことを友達や先生に，レポートとして発表することができる。 ・設定された運動を楽しむことができる。	・「待つこと」を意識させる。 　習字などを活用し，一文字ずつゆっくり書く活動を行う。ゆっくり書くことの意義を伝えていく。 ・料理等のレシピやポイントを書く活動を行い，相手意識をもたせて書く活動を行う。 ・運動課題を行う。

〈目標を達成するために必要な【自立活動】項目の選定〉

1健	2心	3人─②	4環	5身─①⑤	6コ─②

短期目標（前期）	支援の手立て
> 自立活動の項目を選定して， > それを意識した支援にしましょう。 ・「ゆっくり」「丁寧」を意識して書く活動を行うことができる。 ・「相手が読みやすい」文字を意識して書くことができる。 ・設定された運動課題に取り組むことができる。 > 具体的な手立ては，教師（支援者） > 目線で書きましょう。	【①通常の学級】 ・少々の誤りは大目に見て，頑張って書いたこと，丁寧に書いたことを認める。 --- 【②家庭】 ・苦手なことにも頑張る姿を認める。 ・一緒に楽しく運動する場面をつくる。 --- 【③通級指導教室】 ・習字等で，一画ずつ待つことを意識した書く活動を行う。 ・本人の得意なことをまとめる活動を行い，それを発表することで相手意識をもたせる。 ・楽しく運動課題に取り組むことができるよう，目標をこまめに設定する。

7 教育相談
校内の気になる子供への対応
〜共に対応を考えよう〜

個別の指導計画作成時期に協働的に動くことで，専門性や同僚性を高めていきます。

（吉野　晃子）

校内の教育相談者として動く

❶5月の時期は

　校内には，特別な支援を要する子供への対応を考える組織やシステムがあり，通級指導教室担当教師がその一員となることも多いと思われます。

　特に5月はそのような子供への対応を考え，個別の指導計画を作成する時期となります。通級指導教室担当教師としてもまだ少し指導に余裕があるこの時期に，校内のいろいろな子供の様子を見て，担任やほかの先生たちと話をすることはとてもよい学びの場となります。

❷校内の教育相談とは

　特別支援教育と生徒指導担当，養護教諭やSC（スクールカウンセラー），及び管理職などがチームとなります。そして，発達的な偏り・全般的な遅れ・不登校やいじめなどつまずきの様相やその背景に対してどのようにかかわっていけばよいかをチーム内で話し合います。

【校内の教育相談の流れや内容】
・校内担当から気づきの視点や報告方法などが提示される
・担任の気づき　→　学年部で共有　→　校内で共有
・担当で手分けして子供の様子の観察　→　見立ての共有
・支援方法についての検討
・子供との面談や保護者面談
・アセスメントの検討や実施
・個別の指導計画の作成
※これらの動きと前後しながら日々の支援
　を行っていきます。

【子供を見るときの視点例】
・姿勢や座り方，利き手，鉛筆の
　持ち方等の体の使い方
・言語情報と視覚情報のそれぞれ
　の注意集中の様子
・掲示物の観察

いろいろな支援方法や校内外の資源を知る

❶いろいろな支援方法

　上記のような流れによって子供への対応を検討していくと，例えばアセスメントと呼ばれる実態把握の種類や方法も様々なものがあることを見聞きすると思います。そして，「なぜそうなるか」「ではどうすればよいか」という具体についても参考になることがたくさんあります。積極的に子供の様子を見て，自分ならどうするかを考えて参画していきましょう。

❷校内外の資源

　具体的な支援方法を考える際には「どこで」「だれが」「何に向かい」「いつまでに」「どのようなことを」行うかを考えていくことになります。これが個別の指導計画として形づくられていきます。
　校内での人的な資源については，特別支援教育コーディネーターの先生が示してくださいます。また，校外にも医療や教育センター，大学やNPO，特別支援学校のセンター的機能など多種多様な支援資源があります。通級指導教室も他校からすればその資源の一つとなることを意識し，子供を地域で育てるという感覚をもちましょう。

第 4 章

12か月
子供を伸ばす
指導アイデア

個別指導・小集団指導・巡回指導などの様々
な形態がありますが，適した形態で，子供の
苦手さを支える指導を行っていきます。

1 個別指導の進め方

個別指導では，集中できる環境をつくり，適度な距離を保ちながら指導を行います。

(喜多　好一)

個別指導について

通級指導教室で行う自立活動の指導には，主に個別指導と小集団指導があります。個別指導では，個々の指導すべき課題を厳選して抽出し，指導目標を設定します。小集団指導では，集団を構成する子供の指導すべき課題がある程度一致し，集団での指導が効果的である場合のみ行います。

準備

❶個別指導のブースの準備

個別指導をする際は，教員と１対１の指導となりますので，指導の効果を高めるためにも，できるだけ他の刺激が少ない環境設定が望まれます。個別の教室が設けられている通級指導教室であればベストですが，設置されていない場合は，普通教室にパーティション等の衝立を立て，個別指導のブースを設けるとよいでしょう。

机の配置は，子供と教員が向かい合わせで指導する場合，横に座って指導する場合など，授業内容によって変えていきます。

❷用意するもの

• 一単位時間の学習の流れを記す小さいホワイトボードとペン

指導の流れ

　一単位時間（小学校では45分，中学校では50分）を一つの課題だけを扱っ
て指導することは，集中力が続かないことから難しいようです。ただし，各
教科等で見られる困難を解決するための自立活動であったり，生活と密着し
たつながりのある学習であったりする場合は，可能です。

　10～15分単位で三～四つの学習活動を用意して，毎時間同じ流れで指導過
程を組むことが多いです。その場合は，指導すべき課題が複数になりますが，
メインとなる学習を設定して臨むことが大切です。

伝えたいこと

　個別指導は，教員との距離も近くなり，関係性も深くなります。ともする
と緊張感が薄れてしまうこともありますので，適度な距離を保つよう心がけ
ましょう。また，個別指導は閉じた指導になりがちですので，指導の様子を
録画して同僚の教員から助言等をもらう機会を設けるとよいでしょう。

　個別指導した記録はポートフォリオとしてファイル化しておき，常に子供
と教員が振り返ることができるようにすることも重要です。

2 小集団指導の進め方

小集団指導では，個々の目当ての確認や活動後の振り返りを大切に，指導すべき課題に応じた流れをつくります。

（喜多　好一）

小集団指導について

コミュニケーションや社会性に課題のある子供にとって，集団での指導が有効であるケースでは小集団指導をすることが多いようです。

個々の指導すべき課題の確認とグルーピング

小集団指導は，指導者が足りないという理由で実施する指導形態ではありません。あくまで，自立活動の指導すべき課題が同じ子供たちを対象にグルーピングをします。指導の効果が得られる集団であることが前提となります。特に指導の効果に関しては，在籍する学級での集団生活上の困難さの解決につながることが大切です。そのことからも自立活動の区分で言えば，「2心理的な安定」「3人間関係の形成」「6コミュニケーション」を目標とする子供たちを対象に実施するケースが多くなります。

学習環境の整備（基礎的環境整備）

• 刺激物の排除，ICTの準備（大型モニター，タブレット，OHC等）

指導の流れ

　小集団指導においても，個別指導同様に，一単位時間10〜15分単位で三〜
四つの学習活動を用意して，毎時間同じ流れで指導過程を組むことが多くあ
ります。その場合は，指導すべき課題は複数になりますが，メインとなるめ
あてを達成する学習を中心に設定して臨むことが大切です。

　基本的な指導の流れは，次の通りとなります。

---

①導入
　・挨拶をする（聴き方と姿勢，持ち物の確認）
　・前時あるいは既習内容を確認する
　・知的好奇心を高める課題提示をする

②展開
　・単元全体のめあての確認をする（板書する）
　・個々の自立活動の重点とするめあてを板書する（当該児童生徒と確認）
　・具体的な学習活動を説明する（端的かつ視覚的に）
　・友達と共に活動を行う
　・学習の成果を発表する場を設定する（画像，動画，マイク等の活用）

③学習のまとめ・振り返り
　・個々のめあての達成度について振り返り，自己評価する
　・友達同士で相互評価をする
　・（複数）教師による評価を行う
　・次時のめあてを確認するとともに，学習内容を伝える（期待を高める工夫）

小集団指導のポイント

　小集団指導で適切な評価をするためには，一単位時間の個々のめあてを子
供自身が常に意識して臨むようにしかけることが重要です。ゲーム的な学習
活動を行うと，活動が中心となってしまい，手段が目的に変わってしまうこ
とがあります。個々のめあての確認や活動後の振り返りが重要です。

3 巡回指導の進め方

"教師が動く"巡回指導は，中堅・ベテランの先生と組むことで学びの機会となり，子供の日頃の様子に接しやすい形態です。

（喜多　好一）

通級指導教室における取り出し指導の実施形態について

通級指導教室は，次の三つの実施形態で行っています。

　　　①自校通級　　　　②他校通級　　　　③巡回指導

自校通級とは，通級指導教室が設置されている学校で行われる形態です。通級する子供にとって負担の少ない形態です。

他校通級については，近隣の学校に設置してある通級指導教室に，保護者の付き添いのもと，通級して指導を受ける形態です。ただし，週数時間の通級による指導のために，移動も含め半日程度在籍校から抜けること，付き添いによる保護者負担が大きいことが指摘されています。

巡回指導は，拠点校の通級指導教室の教員が，地域の複数校に巡回をして，在籍する学校の教室を借りて取り出し指導をする形態です。巡回指導は，教師が動くシステムと言えます。

文部科学省では，今後，他校通級によるデメリットを解消できる巡回指導や自校通級の実施形態に移行していこうとしていますので，全ての通級指導教室の教員は，巡回指導のすすめ方を身につけておく必要があります。

巡回指導を実施するにあたっての手続きについて

　通級指導教室の実施形態を決定するのは，主に各自治体の教育委員会であり，各校判断では難しいです。勤務も含めた服務の取扱を厳正に定める必要性があること，交通手段，出張旅費等の手続きを申請することなど，事前の手続きが必要です。また，巡回校での勤務となるため，兼務発令を受けます。自治体ごとに策定する巡回指導のガイドラインを踏まえた勤務となります。

巡回指導の進め方

　巡回指導をする場合は，複数校を担当するうえでの拠点校を定め，そこに複数の通級指導教員が勤務し，巡回します。対象となる子供の人数にもよりますが，巡回する際は，１校につき２名以上の教員が組んで指導にあたります。複数名の教員が巡回するメリットは，特別支援教育の経験の浅い教員が中堅やベテランの教員と組むことで，直接アドバイス等を受けたり，授業の在り方を学んだりできることにあります。巡回指導そのものが OJT 研修の一環となります。他校で取り出し指導をする際に解決すべき課題は，実際に指導で使用する部屋の確保と教材の準備です。部屋はできるだけ静かな刺激の少ない教室がよいため，管理職との事前の確認が必要です。教材に関しては，プリント類や小物等は持参しますが，原則，巡回する学校で予算化して購入してもらいます。教材保管の戸棚等も準備しておきましょう。

伝えたいこと

　巡回指導のメリットは，通級してくる子供の学級での様子を直接参観できたり，在籍学級の担任の悩みや相談を直接聴いたりできることです。また，巡回校のケース会議や校内委員会に参加できますので，積極的にかかわり，特別支援教育のスキルアップを図っていくとよいでしょう。

4 自立活動の指導アイデア
学習の準備・片づけをしよう
～1健康の保持(1)生活のリズムや生活習慣の形成～

自ら学習の準備や片づけをする習慣を身につけるための指導です。

（金子　彩花）

指導の流れ

個別指導

❶手順の確認（通級初日）

・手順表カード（下図）を見ながら「教室に着いてから授業が始まるまでの流れ」と「授業が終わってから帰るまでの流れ」を子供と一緒に確認します。

・早く準備・片づけが終わった場合は，教室内であれば自分の好きなことをしてもよいことを伝えます。

・教師と一緒に手順表を見ながら，準備や片づけを行います。

教室についたら
1. 手さげから　ふでばこと　れんらくちょうを　出す。
2. れんらくちょうを　はこに　入れる。
3. 手さげを　つくえのよこに　かける。
4. 今日の　学習のながれを　かくにんする。
5. 先生に「おわりました」と　ほうこくをする。

じゅぎょうがおわったら
1. プリントを　ファイルに　はさむ。
2. えんぴつと　けしゴムを　ふでばこに　しまう。
3. 手さげに　ふでばこと　れんらくちょうを　しまう。
4. つくえの中に　わすれものが　ないか　かくにんする。
5. 先生に　「さようなら」と　あいさつをする。

❷教師と一緒に準備・片づけ（通級２〜４日目まで）

　教師と一緒に手順表を見ながら，準備や片づけを行います。

❸一人で準備・片づけ（通級５日目以降）

　教師が用意した机上の手順表を見ながら，子供が一人で準備・片づけを行います。少しずつ手順表を見なくてもできるようにしていきます。

　小集団指導

❶役割分担をして各自が準備・片づけ

- 遊びや運動をする際に，使用する教材や教具の準備・片づけを子供に行わせます。準備・片づけをするものを子供に伝え，役割分担をさせます。
- 子供がスムーズに動くことができるように，配置図や片づける場所を写真やイラストで示しておきます。

❷役割を分担して複数人ごとで準備・片づけ

　複数人で運ぶ必要があるもの（マットや机）を使う時に，子供たち全員で準備・片づけをさせます。

指導のポイント

◇準備・片づけへの意欲を促すために，準備・片づけが早く終わると自分にとってどのようなメリットがあるかを考えさせましょう。低学年の子供に関しては，「がんばりカード」などを作成し，時間内かつ手順通りに準備・片づけができた時にシールや花丸をあげるとより進んで行います。

◇活動の終わりを明確にするために，片づけが終わったら，教師に「終わりました。」と報告する習慣を身につけさせましょう。

【参考文献】・喜多好一『発達障害のある子への「自立活動」指導アイデア110』明治図書

5 自立活動の指導アイデア
「スイッチ言葉」を覚えよう
～2心理的な安定(1)情緒の安定～

気持ちを切り替える言葉（スイッチ言葉）を覚え，思い通りにいかない時に感情を上手にコントロールできるようになるための指導です。

（金子　彩花）

指導の流れ

❶失敗した時や負けた時の気持ち

　遊びやゲームでうまくいかなかったり，負けたりした時に，どのような気持ちになるかを，子供に想像させます。

　　例：「ムカつく」「悲しい」「いやだ」「いらいらする」
　　　　「もうやりたくない」「悔しい」

❷「スイッチ言葉」について

　❶のような気持ちになった時に，気持ちを楽にする言葉（スイッチ言葉）があることを教えます。

　　例：「まぁ，いっか」「仕方ない」「次，がんばろう」「次，勝てればいいや」
　　　　「今日は運が悪かったな」「そういうときもある」

❸「スイッチ言葉」を使う練習

　勝敗のあるゲームや遊び，ロールプレイを通して「スイッチ言葉」を声に出して使ってみる練習をします。声に出さなくても気持ちを切り替えることができるようになってきたら，心の中で唱えるように指導します。

❹振り返り

「スイッチ言葉」を使うことで気持ちを切り替えることができたか，振り返りを行います。

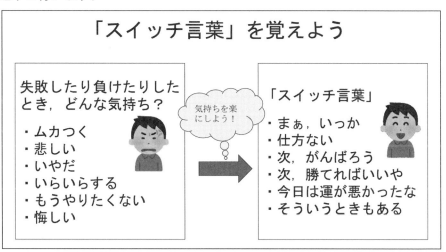

子供に提示するスライド

指導のポイント

◇子供が気持ちを切り替えることが難しい場面や様子を把握するために，観察や学級担任からの聞きとりを行っておくとよいです。

◇気持ちの切り替えが難しい時に，「スイッチ言葉」を思い出すような言葉かけを様々な場面で行いましょう。また，ゲームや遊びを行う時には，「スイッチ言葉」を提示し，気持ちをスムーズに切り替えられた時にはその場でほめてあげましょう。

◇「３人間関係の形成(3)自己の理解と行動調整，(4)集団への参加の基礎」と関連づけて，指導することもできます。

【参考文献】・喜多好一『発達障害のある子への「自立活動」指導アイデア110』明治図書

6 自立活動の指導アイデア
空き缶積みゲーム
～3人間関係の形成(3)自己の理解と行動の調整～

作戦や方略を考えて行動できるようになるための指導です。

（金子　彩花）

指導の流れ

❶ゲームの流れの説明

　教師が見本を示しながら「空き缶積みゲーム」のルール説明をします。缶の積み方や途中で缶が倒れてしまった時の場面など詳しく示しながら，子供が安心してゲームに臨めるようにします。

❷めあての確認

　本時のめあてを提示します。
　例：「目標個数を達成するための作戦を考えよう。」

❸作戦タイム

　目標個数を達成するための作戦を考えさせます。低学年の子供は，教師が介入しながら順番や缶の積み方などを具体的に決めさせるとよいです。

❹1回戦目

　子供がどの程度作戦に即して行動できているか，観察します。

❺２回戦目に向けた作戦タイム

　１回戦目になぜ達成できなかったかを子供に考えさせます。考えが出ない
場合は場面を思い出させながら，達成するための方法を引き出します。

❻２〜３回戦目

　作戦を遂行できるような言葉かけをします。

❼振り返り

　なぜ達成できたか，実践した作戦を発表させます。

板書イメージ　　　　　　　　「空き缶積みゲーム」の様子

指導のポイント

◇子供の実態に合わせて，教師が目標個数を決め，最後に気持ちよく活動を
　終えられるようにしましょう。

◇本単元では，「行動をコントロールすることができたから，缶をより高く
　積み上げることができた」と子供自身に気づかせることが大切です。その
　ため，１回戦で終わらないようにしましょう。また，行動の変容を言葉で
　伝えてあげるとよいです。

　　例：「優しく置いたから，倒れなかったね。」

　　　　「缶の向きをよく見たから，たくさん積み上げることができたね。」

7 自立活動の指導アイデア
折り紙
～4環境の把握(5)認知や行動の手掛かりとなる概念の形成～

手順表を見ながら作業することで，順序の概念形成を図り，空間認知能力を高めるための指導です。

（金子　彩花）

指導の流れ

❶作るものを決める

子供は教師が用意した複数の「折り紙手順表」を見て，作りたいものを選びます。

❷折り紙を用意する

「準備するもの」を見て，必要な枚数分準備したり，はさみで切って必要な大きさに揃えたりします。

❸きれいに折るポイント

きれいに折るための「ポイント」や，折り紙の手順表に「よく出てくる言葉」の意味を確認しておきます。

【ポイント】

・「折り線」と体が平行になるように，紙の向きを変えながら折る。
・角と角，線と線を合わせて，指や爪で折り目をしっかりつける。
・折り方がわからない時は，前後の図の変化をよく見る。

【よく出てくる言葉】

　「山折り」「谷折り」「裏返す」「左右に開く」「折すじをつける」

　「中わり折り」「段折り」「かぶせ折り」

❹教師と一緒に折る（１回目）

　教師は子供の隣に座り，手順表を見ながら一緒に作ります。子供に手順表の文を音読させたり，写真と見比べさせたりして，正しく折ることができているか一工程ずつ確認します。

❺一人で折る（２回目）

　わからなくなったら，ポイントを思い出すように促します。自分の折り紙と前後の図を見比べさせることが大切です。

指導のポイント

◇子供の実態に合わせて，作品のレベルを決めましょう。

◇手先が不器用な子供は，きれいに折れない時にイライラすることがあるかもしれません。そのような時は，「スイッチ言葉」を使ってみるよう促しましょう（p.096参照）。

【参考文献】・たきがわきょうこ，たきがわたかし『おりがみの本』すずき出版

8 自立活動の指導アイデア
お手玉を投げてキャッチしよう
~5 身体の動き(5)作業に必要な動作と円滑な遂行~

手先の巧緻性や目と手の協応動作を高めるための指導です。

（金子　彩花）

指導の流れ

❶お手玉を配る

　椅子に着席させた状態で，お手玉を一人一つずつ配ります。お手玉をもらったら両手で持ち，投げずに待つように指示を出します。

❷一人でキャッチ

　見本を示しながら，主に以下の運動を行います。

　例：「両手キャッチ」→お手玉を両手で持ち，下から上に向かって投げ，両手でキャッチします。

　　　「片手キャッチ」→お手玉を右手で持ち，下から上に向かって投げ，右手でキャッチします。お手玉をキャッチする時は，手先に力を入れ，ぎゅっと握ります。右手が終わったら左手で行います。

　　　「右左キャッチ」→お手玉を右手で持ち，下から上に向かって投げ，左手でキャッチします。

　　　「手の甲キャッチ」→お手玉を手の甲に乗せ，下から上に向かって投げ，手の平でキャッチします。

❸二人組でキャッチ

　椅子を向かい合わせにして，二人でお手玉キャッチをします。１メートルの距離から始め，少しずつ二人の距離を広げていきます。

　遠くへ投げすぎたり真下に落としたりしてしまう子供は，教師とペアになり，相手がキャッチできるように力の調整をしながら投げる練習をします。

❹レベルアップ

　❷❸がうまくできるようになってきたら，お手玉を二つ用いて「投げ玉」をしたり，歌に合わせて投げたりキャッチしたりする練習をします。

一人でキャッチ

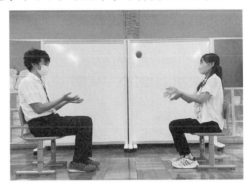

二人組でキャッチ

指導のポイント

◇お手玉を持っている時の待ち方や約束（「人に向かって投げない」など）を事前に伝え，守れるように徹底しましょう。

◇数回の指導で終わらせず，継続して指導することが大切です。毎週５分だけでも取り入れることで，１年後には力の調整が上手にできるようになったり，眼球運動がスムーズになったりします。

◇お手玉キャッチができるようになってきたら，ボールキャッチにつなげていくのもよいでしょう。

9 自立活動の指導アイデア
いい質問をしよう
～6コミュニケーション⑸状況に応じたコミュニケーション～

話の内容や周囲の状況を読みとって発言できるようになるための指導です。

（金子　彩花）

指導の流れ

❶めあての確認

本時のめあてを提示します。

『「いい質問」とはどのような質問か考えてみよう。』

❷「いい質問」について

例を示して，「いい質問」の定義を考えさせます。

「いい質問」とは、どのような質問か考えてみよう。

「明日の遠足の持ち物は、遠足のしおり、筆記用具、水筒、お弁当です。忘れないようにしましょう。」

○　⑦　筆記用具は、鉛筆と消しゴムがあればいいですか。
　　　　　　　　　　　→筆記用具の中身のことを聞いていて話に関係する質問

×　⑦　明日の時間割はなんですか。
　　　　　　　　　　　→遠足のこととは関係ない質問

○　⑦　バス酔いをしてしまうかもしれないので、酔い止め薬も持っていってもいいですか。
　　　　　　　　　　　→持ち物に関して、付け足す質問

いい質問とは?
　・話に関係ある内容　　　・話の内容に付け足した内容
　・他のみんなも知りたい内容

子供に提示するスライド

❸ワークシートに取り組む

教師がワークシートの問題文を読み上げ，状況や場面の確認をします。

❹答え合わせ

❷で考えた定義をもとに，「いい質問」かどうか考えさせます

┃「いい質問」はどれでしょう？┃

①明日の時間割についてです。明日は雨の予報で、体育の授業を行うことが難しそうなので、代わりに音楽をやります。もし予報が外れて雨が降らなくても、音楽をやります。リコーダーをもってきていない人は、明日必ずもってきてください。

　　㋐　けんばんハーモニカも必要ですか？
　　㋑　体操着は、持ち帰ってもよいですか？
　　㋒　もし晴れたら、体育をやりますか？　　　　　　答え（　　　　　）

②今週のそうじについてお話します。今週は祝日と連休があり、2日しか学校がないので、今週は先週担当した場所のそうじをしてください。来週は、当番を交代します。

　　㋐　今週学校があるのは、何曜日ですか？
　　㋑　週2回行う机拭きは、今週は何曜日に行いますか？
　　㋒　ごみ捨ては、今週も行いますか？　　　　　　答え（　　　　　）

ワークシート

指導のポイント

◇空気を読んだり場面に合わせて発言したりすることが難しい子供を対象に，指導をしましょう。小集団指導に限らず，個別指導で扱ってもよいと思います。

◇普段の授業の中で，話の内容と質問内容が合っていない時に本授業を思い出させ，「今の質問は，いい質問かな？」と声をかけて，子供自身に考えさせることが大切です。

【参考文献】・喜多好─『発達障害のある子への「自立活動」指導アイデア110』明治図書

10 学習支援のアイデア　小学校　国語
ひらがなの支援

通級指導教室での学習支援で一番ニーズの高い，学習障害の子供を対象にしたひ
らがなの読み書きができるようになるための指導です。

（中尾　和人）

支援のポイント

　ひらがなの読み書きができるというのは，「あ」という文字を見て /a/ と
読んだり，/a/ という音を聞いて「あ」と表記できたりと単文字レベルで読
み書きができるだけでなく，「りんご」と表記された文字を見て /ringo/ と
読んでりんごをイメージできたり，/ri/n/go/ という音を聞いて「りんご」
と表記したりと単語レベルの読み書きができることです。

　単語レベルの読み書きができるためには，その単語を聞いた時にどのよう
な音が集まっているかを認識する（音韻認識）力が必要です。

　通級指導教室でのひらがな支援のポイントは，音韻認識の力をつけること
です。

支援の実際

❶モーラすごろく

- こんな子供に：文字学習準備期の子，促音などが抜ける子
- 用意するもの：すごろくの盤と駒，絵カード（表面は絵とそのものの名前
  が書いてある，裏面は無地）

- 使い方：サイコロの替わりに絵カードを使ってすごろくをします。絵カードを裏向きにして三つぐらいの山に分け，自分の番の時に好きな山の一番上の絵カードをめくり，そこに書いてあるものの名前を声に出して言いながら駒を進めます。例えば，「鉄橋」を引いた場合は，「te・○・kyo・o」と言いながら4マス進んで，特殊音節（促音，拗音，長音など）が1モーラであることを体感させます。子供の課題に合わせて，特殊音節がない単語の絵カードから始めてもいいですね。

❷絵と名前をつなごう

- こんな子供に：文字学習初期の子
- 使い方：文字を読むことが課題の子の場合は，上のものの名前を読んで絵と線でつなぐ練習をします。文字を書くことが課題の子の場合は，さらに絵の下に名前を書きます。はじめは上に書いてある文字を視写します。覚えている文字が増えてくれば上の文字を筆箱などで隠して，思い出せない時だけ筆箱をどかして文字を覚えてから（視写するのではなく）書きます。

❸この絵は何？

- こんな子供に：特殊音節の表記が苦手な子
- 使い方：絵の下にものの名前を書きます。使うマス数がわかっているので，促音，長音，拗音を間違えると気づくことができます。間違いを自己修正することが大切です。

【参考文献・ホームページ】
- 村井敏宏，中尾和人『読み書きが苦手な子どもへの基礎トレーニングワーク』明治図書
- 中尾和人「通級指導教室教材倉庫」https://nakao.yu-nagi. com/

漢字の支援

中高学年の学習支援でニーズの高い，学習障害の子供を対象にした漢字の読み書きができるようになるための指導です。

（中尾　和人）

支援のポイント

　漢字には，読み・形態・意味の三つの要素があります。詳しく見ていきましょう。

　いきなり問題です。「さるすべり」を漢字で書いてください。書けましたか？　「百日紅」を「さるすべり」って読むことを知っていたら簡単ですが，知らなければ書けません。読めないから書けないのに「１年生レベルの漢字が書けない」って言われると心外ですね。漢字が苦手な子の中には，漢字が読めないのでどの漢字を書けばよいかがわからない子もいます。

　「魑魅魍魎が跋扈する」って読めるけど正確には書けない人って多いですね。漢字が苦手な子は，もっと簡単な漢字でも，読めるけど線が一本多い（少ない），点が抜けている・場所が違う，偏と旁が逆などのように形態を正しく覚えられない子がいます。

　「（新聞）キシャがキシャに乗る」を漢字で「汽車が記者に乗る」って書いたら大変ですね。漢字の使い方を間違える子は，漢字の意味を覚えていないので適切な漢字を書けない場合があります。

　通級指導教室での漢字の支援のポイントは，漢字テストの結果などから，どこでつまずいているかをチェックし，そこから支援を考えることです。

支援の実際～パーツで覚える漢字～

　私たちは，「薔薇」という画数の多い漢字を覚える時，漢字を分解してどのようなパーツで構成されているかを見るのではないでしょうか。漢字の形態を覚えるのが苦手な子は，画数がもっと少ない漢字も覚えにくいのです。そのような子供には，漢字をパーツに分けて覚えるプリントを使います。

A　漢字の読みと使い方を書きます。

B　漢字の大まかな構造を確認します。「頭」の場合は，偏と旁の左右に分かれるタイプなのでそこに○をします。

C　漢字をパーツ分けします。この例では「いち・くち・そ・いち・いち・の・め・は」とパーツ分けをしましたが，「豆（まめ）」や「おおがい」という部首名（パーツ名）を知っている場合は「まめ・おおがい」としてもいいです。

D　パーツを唱えながら漢字練習をします。唱えながらするのは覚えるためですが，不注意タイプの子に対しては漢字練習に集中させる（人はしゃべりながら他のことを考えにくいから）という意味もあります。

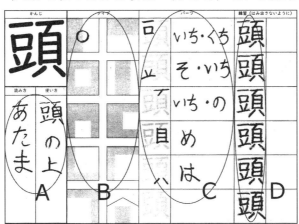

【参考文献・ホームページ】
- 村井敏宏，中尾和人『読み書きが苦手な子どもへの〈漢字〉支援ワーク』明治図書
- 中尾和人「通級指導教室教材倉庫」https://nakao.yu-nagi.com/

学習支援のアイデア　小学校　算数
20までの加減支援

算数障害の子供を対象にした計算の基礎である20までの加減ができるようになるための指導です。

（中尾　和人）

支援のポイント

　通級による指導では，計算指導もニーズが高いです。計算が苦手なことを表現する時「まだ指を使って計算している」という言葉がよく使われます。通級指導教室担当教師はここで「どのように指を使っているか」を観察します。

　観察ポイント１：子供に「8を出して」と言います。パーの手と3本の指を立てた手をさっと出すのか，「いち・に・さん」と言いながら指を1本ずつ立てていくのかを見ます。

　観察ポイント２：8本の指を出した状態から，「ひく3」と言います。指が3本立っている手をさっと下げるのか，「いち・に・さん」と唱えながら1本ずつ指を倒していくのかを見ます。

　観察ポイント３：8本の指を出した状態から，「ひく5」と言います。指が5本立っている手をさっと下げるのか，3本の指が立っている手の指を「いち・に・さん」と言いながら1本ずつ倒してから5本立っている手の指を「し・ご」と倒していくのかを見ます。

　指をさっと倒したり手をさっと下げたりと指を塊で操作している子は，数が量を表すという性質（基数性）を使っています。1本ずつ数えながら倒す

子は，数が順序を表すという性質（序数性）を使っています。まず，ここを
チェックしましょう。基数性が理解できなければ，指を使った計算（数え計
算）から抜け出せません。20までの加減の支援では，数の基数性を理解し，
数量を操作して計算できるようにすることがポイントです。

支援の実際

❶ブロックはいくつ？

　数の量的感覚を育て，ブロック図を見ただけ
で数がわかり，数を聞いただけでブロック図を
イメージできるようになるために，このような
色々なタイプのブロック図の数を書く練習をし
ます。

❷操作手順を覚えよう

　数量感覚が十分に育っていない段階で数式だ
けで計算練習をさせると，計算操作より答えを
出すことにとらわれ，数え計算のやり方が固定
化します。そこで右のような用紙を使います。
①ブロック図を見て数式を書く。
②図上でブロックを動かして計算操作をする。
③②の操作を数式上で行い，操作手順を覚える。
④慣れてきたら図を減らしていく。

　通級指導教室では，ブロック図の代わりに，
担当者が出す指を見て計算してもよいでしょう。

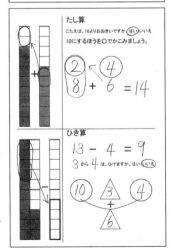

【参考文献・ホームページ】
- 中尾和人『計算が苦手な子どもへの算数支援ワーク』明治図書
- 中尾和人「通級指導教室教材倉庫」https://nakao.yu-nagi.com/

13

学習支援のアイデア　小学校　算数
算数文章題の支援

文章読解が苦手な子供も対象にした算数の文章題を読んだ時に演算がわかるようになるための指導です。

（中尾　和人）

支援のポイント

右のような四つの文章題があります。問題Aは間違えない子も問題B，C，Dでは間違える場合があります。算数文章題が苦手な子に「読解力の不足」と解釈しても具体的な支援方法が考えられません。そこでそれぞれのつまずきをもう少し分析してみましょう。

> A：太郎は５個，次郎は３個の飴を食べた。二人合わせて何個の飴を食べた？
>
> B：太郎は５個，次郎は３個の飴を食べた。二人でいくつの飴を食べた？
>
> C：太郎は38個，次郎は39個の飴を食べた。二人でいくつの飴を食べた？
>
> D：2人の子供が３個ずつ飴を食べた。2人でいくつの飴を食べた？

Bの間違いは，Aでは「合わせてだからたし算」と考えて正解したのですが，Bでは「食べると減るからひき算」と問題文全体ではなく，問題文の一部（単語）から考えてしまったようです。

Cの間違いは，数字が大きくなったために文から内容がイメージすることができなくなって立式できなくなったようです。

Dの間違いは，文の内容を考えないで出てきた数字を適当に（子供なりの理由はあるのでしょうが）使って立式してしまったようです。

私たちは何か動物を見た時，過去に動物を見た時に作られた基本構造（猫はニャーと鳴く）と照らし合わせて「ニャーと鳴いたのでこれは猫だ」と分類するそうです。

　たし算，ひき算の問題を基本構造で分類すると右のような表になりました。文章題は，この基本構造をもとに言葉をつけ加えたり，順番を入れ替えたりして作られます。それぞれのパターンの問題を体験してそれぞれのパターンの基本構造のイメージをもたせることが文章題の支援のポイントになります。

加減文章題各パターンの基本構造

加法	順思考	合併	a個とb個。合わせていくつ？
		増加	a個あった。b個増えた。いくつになる？
		求大	Mはa個。NはMよりb個多い。Nはいくつ？
	逆思考	減少前推論	いくつかあった。a個減ってb個になった。いくつあった？
		逆求小	Mはa個。MはNよりb個少ない。Nはいくつ？
減法	順思考	求残	a個あった。b個減った。いくつ残る？
		求補	MとN，合わせてa個。Mはb個。Nはいくつ？
		求差	Mはa個。Nはb個。違いはいくつ？
		求小	Mはa個。NはMよりb個少ない。Nはいくつ？
	逆思考	増加前推論	いくつかあった。a個増えてb個になった。いくつあった？
		減少数推論	a個あった。いくつか減ってb個になった。いくつ減った？
		増加数推論	a個あった。いくつか増えてb個になった。いくつ増えた？
		逆求大	Mはa個。MはNよりb個多い。Nはいくつ？

支援の実際

　二つのパターンを対比させて各パターンの特徴を捉えさせます。たし算，ひき算から各1パターン（例えば合併と求残）3問ずつの文章題をランダムに並べた問題を作ります。問題のはじめに，「たし算3問，ひき算3問」と書いておきます。これによって間違いを自己修正できます。具体物を操作したり，図で描いたりして問題場面をイメージしやすいように，問題文に使う数ははじめは5までにします。各パターンのイメージを作れるようにします。慣れてきたら使う数を大きくします。

【参考ホームページ】・中尾和人「通級指導教室教材倉庫」https://nakao.yu-nagi.com/

14

学習支援のアイデア　中学校　国語
四字熟語ポーカーをしよう

楽しみながら漢字の読み方や四字熟語に触れ，漢字に対する苦手意識の軽減を図るための指導です。

（伊藤　陽子）

準備

❶子供と確認すること（ルールの説明）

　事前に，ウォーミングアップとしていくつかの四字熟語の読み方やその意味を調べさせます。調べ学習後，生徒に以下のルールを説明（確認）します。

　配られた4枚の漢字カードで熟語を作る。目標は四字熟語！手持ちのカードによって点数が決まる。

　ただし，一度だけカードを取り替えることができる。取り替えられるカードは1～4枚。取り替えなくてもよい。

　5回勝負で，総合得点の高い人が勝ち。

---

❷用意するもの

• 事前に学習した四字熟語に使われている漢字カードに数枚の漢字カードを加えたデッキ（加える漢字は参加者の実態に合わせて調整）

• インターネット検索できる ICT 機器

• 得点表（自作）

四字熟語ポーカー

やり方

①じゃんけんで親を決める。

　親が４枚ずつカードを配り，残ったカードは山札として場に置く。

②親から時計回りで順番に１回だけカードを交換できる（捨てた枚数分を山札から取る）。

　交換しなくてもよい。

③カードを公開し，得点を得点用紙に記入する。

　５回行い，合計得点で勝負を決める。

四字熟語点数表

四字熟語	四字熟語が完成！	10点
3ペア	あと１枚で四字熟語完成だったのに	5点
2ペア	半分ずつあってる 例　温故　＋　応変 臨機　＋　知新 だめな例　温新，機応	4点
1ペア	2字熟語	1点

使い方

　楽しみながら漢字に触れさせること，通常の国語の授業で取り扱う四字熟語の学習への意欲づけなどに使います。事前に四字熟語の学習を行い，その四字熟語をいつでも確認できるところに掲示しておきます。加えて，熟語の確認ができるように ICT 機器も自由に使ってよいことにします。漢字の組み合わせによって様々な熟語ができることや，その読み方や意味などを楽しみながら学習することができます。

ここがポイント

　わからない時に，確認できる見本や調べることができるツールが手元にあることで，諦めずに最後まで参加することができます。

15

学習支援のアイデア　中学校　数学
トランプで文字式の計算練習をしよう

トランプなどを使って，ゲーム形式で楽しみながら計算の手順を覚えさせ，数学への苦手意識を軽減させるための指導です。

（伊藤　陽子）

準備

❶子供と確認すること（ルールの説明）

まずは，子供に以下のルールを説明（確認）します。

マークの読み方や書き方の確認も行います。

　配られた4枚のトランプで，同じマーク（ハートやスペードなど）のカードは数字を合計することができる。違うマークのカードは足せない。全員の中で一番カードの数字が大きい人が勝ち。

　ただし，一度だけカードを取り替えることができる。取り替えられるカードは1〜4枚。取り替えなくてもよい。

---

❷用意するもの

- ハートとスペード（ダイヤとクローバーでも可）のそれぞれ2から10のカード18枚（3人以上で行う場合はもう1組加えて36枚で行う）
- 対戦表（自作）
- 必要な子供には色そろばんや電卓などの計算補助具

手持ちのカード	勝負の数 マーク前の数字が大きい方で勝負するよ	勝敗
記入例 [カード: 4♥, 6♥, 2♠, 4♠] 🍄 🍄 🍄 🍄 (̲4̲ + 6 ♥) (̲2̲ ♠ + 4 ♠) ̲1̲0̲ ♥ ̲6̲ ♠ ※同じマークのカードは○で囲んでまとめよう	10 ♥	もし相手が 7なら ○ ──────── もし相手が 16なら ×

トランプで文字式の計算練習をしよう（自作）の対戦表

使い方

　文字式や同類項の計算の練習として行います。トランプでゲームをしながら，同じマークであれば数を足すことができることを理解させ，マークが違うものは足せないということをしっかり理解させます。対戦表に勝負の数を書く時には，数字の後ろにマークを必ず書き添えることを徹底させることが大事です。ゲームが終了したら，ハートはx（エックス），スペードはyに書き換えさせ，もう一度ゲームの時の計算を行います。子供の学年や習熟度に合わせ，教科書などから文字式の問題を選び，知識の定着を確認します。

応用編

　マイナスのカードを用意したり，使用カードを3種類や4種類に増やしたりすることで難易度を上げることができます。

16

学習支援のアイデア　中学校　理科
原子を手に入れて，
分子を作ろう

分子は決まった個数の原子の集まりであることを楽しみながら覚えるための指導です。

（伊藤　陽子）

準備

❶原子記号，分子式の確認

まずは教科書に出てくる分子式を確認します。その分子式から，何という原子がいくつ結びついているかも確認します。原子記号を覚えていない子供には，表を見て確認させます。学習後，子供に以下のルールを説明（確認）します。

> 机の上に並んだ原子を組み合わせて，分子を作る。分子によって点数が違うので，得点表を見ながら作戦を立てて原子を獲得すると高得点が狙える。机上の原子がなくなったら終了。一番点数が高い人が勝ち。

❷用意するもの

- 原子記号が書かれたペットボトルの蓋で作った原子モデル
- 得点表（自作）
- 教科書や資料集，インターネット検索できる ICT 機器

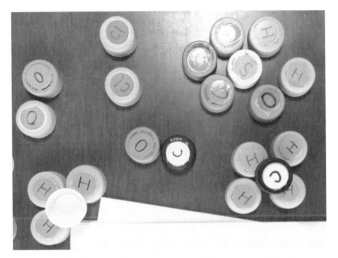

ペットボトルの蓋で作った原子を獲得して分子を作る

使い方

　机上の原子をおはじきの要領で，指ではじいて獲得していきます。得点表を参考にしながら，獲得した原子で分子を作ります。得点表には記載されていなくても実在する分子を作れた場合は，その分子が存在することを証明できるもの（教科書や資料集，インターネット検索の結果など）を見せることで，得点を得られるとします。

ここがポイント

　子供たちは高得点を得るため，自分の持っている原子の組み合わせでできる分子がないかを必死で検索します。その結果，分子がなんという原子が何個結びついてできているかという知識を得ることができます。勝つためには，ほしいモデルを机上から落下させないことも大切なので，手指の力のコントロールや集中力のトレーニングにもなります。

17

学習支援のアイデア　中学校　英語
カラーカードを使って英文法を確認しよう

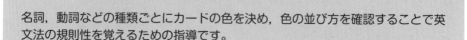

名詞，動詞などの種類ごとにカードの色を決め，色の並び方を確認することで英文法の規則性を覚えるための指導です。

（伊藤　陽子）

準備

❶子供と確認すること（約束）

　主語は青色，動詞は黄色，補語や目的語は赤色のカードに書くことを確認します。教科書の本文にアンダーラインを引く時も同じ色で色分けをすると決めます。

❷用意するもの

　Ａ４サイズの用紙にそれぞれ背景色を青色，黄色，赤色にしたものを印刷し，ラミネートをかけます。それを10等分または12等分してカードとして使います。ラミネートをかけることで，ホワイトボード用のペンで何度も書いたり，消したりできるようになります。

　「You」「He」「She」と Be 動詞のカードは，表と裏で先頭の文字を小文字と大文字にしたものを作っておきます。頻出の英単語はあらかじめ作っておくと便利です。また，「a」「an」「the」，三人称単数の「s」やピリオド「.」，クエスチョンマーク「？」は厚紙や木のブロックなどのカードとは別のもので作っておきます。

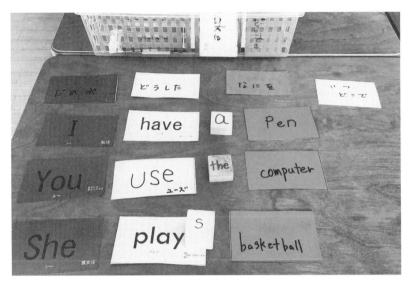

カードの色によって語順を意識させる

使い方

　教科書やワークの並べ替えの問題を色カードを使って解いていきます。まずは見本（例文）に従って，色カードを並べ，語順の規則を意識させます。それぞれの色カードにホワイトボードマーカーで問題の英単語を記入し，規則に従ってカードを並べます。並べたカードを見ながら，問題の解答を教科書やワークに記入していきます。カードには必要に応じて読み方，意味なども書き入れてもよいことにします。

英文法の説明にも利用

　新出の英文法を説明する時に，別色のカードを用意し（例えば，not やcan や do など），そのカードがどの位置に入るのか，入ることで他のカードにどのような変化が生じるかの説明にも使っています。

第5章

7・8月
連携と学びを深める
アイデア

在籍学級の担任と連携し，校内の特別支援教
育の要としての役割も果たします。

1 在籍学級訪問
〜もう一度，子供の学級を見てみよう〜

夏休みに在籍学級を訪問し，環境を確認することで2学期以降の支援に生かします。

（吉野　晃子）

事前の準備

❶事前の時間調整

　この訪問に併せて担任等との連絡会が行われるのであれば，その前に在籍学級の様子を見せてもらっておきましょう。学級の観察だけであれば15分もあればよいと思われます。見通しをもって連絡をするようにしましょう。

❷用意するもの

　1学期の学習や行動の様子がわかるもの（掲示物や絵などの作品等）や記録写真，動画，座席表も用意してもらえるといいですね。

　訪問者側は，同意のうえで記録できる媒体を持参しましょう。

当日の流れ

　訪問にあたっては，対象の子供とその保護者に訪問への同意をとることが必要となります。特に他の子供も在籍する学級を見せてもらうわけですから，その意図と情報の使用範囲を確実に伝えましょう。

　夏休みの教室は，1学期の掲示物が残っていたりいなかったりします。も

【掲示物を観察するポイント】

・文章の内容や使用語彙
・文字の書き方や段落の使い方
・漢字や片仮名の使用や正確さ
・絵の構成や色使い
・人物や形の捉え方…

し掲示物があれば，対象の子供が書いた文字や文章，絵などをじっくり観察し，通級による指導と関連する内容があれば記録できるとよいでしょう。

　掲示物がない場合でも，担任の先生にお願いすれば，絵や作文などを見せてもらうこともできます。声をかけてみてください。

　座席の位置も確認しておきましょう。座席の位置によって人的な環境因子だけでなく，物理的な環境因子（照明や太陽光，音などの影響）も確認できます。

　これらのポイントを観察することで，自立活動の６区分27項目の「指導内容」を設定する視点につながっていくでしょう。

確認すべき事項など

　在籍学級訪問にあたっては，通級指導教室設置校長から訪問校あてに訪問を依頼するための文書が必要となることがあるかもしれません。行政の文書や今までの例などを確認し，事務手続きに遺漏がないように心がけましょう。

2 在籍学級担任等との連絡会
～さあ夏休み！１学期を振り返り，評価修正を～

夏休みに在籍学級の関係者との情報共有の時間をしっかりとることで，リスタートを図ります。

（吉野　晃子）

事前の準備

❶事前の時間調整

　対象の子供一人あたり何分必要か，目算しておきましょう。一人１時間程度という学校が多いかもしれませんね。在籍校の特別支援教育コーディネーターなどとこまめに連絡をとって日程を調整します。

❷用意するもの

　１学期の指導計画や報告書，学習記録などを持参しましょう。また，在籍学級にも校内で共有している対象の子供の資料などを用意してもらいましょう。その際は，出席人数を確認し，必要数を用意していくようにしましょう。

当日の流れ

　当日の会場や運営は在籍学級側となることが多いと思われます。限られた時間の中で密度の濃い共有ができるよう，協議事項を絞って進めていくことが求められます。

●情報共有の会（≒ケース会）の進め方のポイント（例）
- 会議の時間配分と内容を見える化する
- 会議の目標（たどり着きたいこと）を明確に示す
- 参加者が意見を出しやすいようにホワイトボードや付箋，会議シート等を用意する
- 決定事項を共有できるようにする

●情報共有の会（≒ケース会）で押さえたいこと（例）
【通級指導教室側】
- 1学期の指導のねらいや指導内容・指導方法
- 出席の状況や指導の経過
- 指導の成果やうまくいった指導・苦戦していること
- 対象の子供の通級に対する思いや保護者の思い
【在籍学級側】
- 個別の指導計画や個別の教育支援計画
- 在籍学級全体の様子や人間関係
- 在籍学級での学習の記録や作品
【双方で】
- 対象の子供の強みや興味関心の様子
- 学習や生活のしづらさとして心配されること
- 2学期以降のねらいや方向性
- 今後の情報共有の日程や方法

この会の意義・確認しておくべき事項

- 時間がとりにくい各学期の授業日とは違い，長期休業中は教師にとって時間的にも精神的にもやっとゆとりが生まれます。この時期にこそ子供のことをしっかりと振り返り，評価修正を行っていきましょう。
- この会の出席について，対象の子供及び保護者の同意や確認をしっかりとっておきましょう。
- 在籍学級訪問にあたっては，通級指導教室設置校長から訪問校あてに訪問を依頼するための文書が必要となることがあります。行政の文書や今までの例などを確認し，事務手続きに遺漏がないように心がけましょう。
- できれば，会の前後に在籍学級の様子を見せてもらえるとよいでしょう。

3 保護者会・保護者面談
～保護者の願い・思いに寄り添い 信頼関係を再構築～

在宅時間が増える長期休業中に保護者面談の機会を設けることで，保護者の不安や負担の軽減を図ります。

（吉野　晃子）

保護者面談

❶面談の設定

　夏休みを含めたこの頃には，１学期の様子と今後の方向性を確認するための保護者面談を行いましょう。この面談は，通級指導教室担当教師と保護者の二者の場合と，在籍学級担任等も含めた三者の場合とが考えられます。

❷用意するもの

　通級指導教室担当教師や在籍学級担任等は，１学期の指導内容や成果がわかる報告書や個別の指導計画を用意しましょう。夏休みに入っている場合は，宿題の途中経過を確認したいので，保護者に持参してもらうようにしましょう。

❸面談にあたって

　保護者の不安や思いをしっかり傾聴することが何より大事です。三者面談の場合は，担任や学校との関係を「つなぐ」ことも心がけましょう。

保護者会の開催

通級指導教室で指導を受けている子供の保護者を集めた保護者会を開催することも考えられます。夏休みの場合は，保護者だけでなく対象の子供も一堂に会して別室でワークショップやゲームをし，保護者は別室で会をするという設定もあるでしょう。普段は個別や少人数の指導を受けることが多いので，対人関係の拡がりにも効果的な催しとなることが期待できます。

【保護者会の形態あれこれ】

①学習会や講演会

- 講師を招き，テーマを設定した学習会や講演会を行う

  （例：「吃音」「緘黙とは」「いろいろな学び方の工夫」「進路や職業選択」）

- 同じ話を聞いたのち，感想や思いを述べ合う時間を設ける

②同じ通級指導教室設置校に通う対象の子供の保護者が集まる会

- この場合は，通級指導教室の運営方針なども再確認する

③地域の通級設置校に通う対象の子供の保護者が集まる会

④通級による指導を経た先輩保護者を招いた保護者会

保護者会の意義

通級指導教室に通う子をもつ保護者の思いは様々です。中には「先生に言われたことは頭ではわかるけど，仲間や先輩保護者に言われたことは心に落ちる」という保護者もいます。思いを共有できる仲間と巡り合い，子育ての見通しがもてるということは，保護者にとって何よりのピア・サポート（仲間〈peer〉による支え合い〈support〉）です。仲間を得た保護者同士のつながりやパワーはすごいものがありますよ！

このような会の運営に際しては，「保護者と共に」そして「保護者から学ぶ」という姿勢が求められます。通級指導教室担当教師にとっても，リスタートを切るためのきっかけになるとよいでしょう。

4 校内・事例検討会の計画
～校内で通級の事例を検討してもらおう～

校内の教職員に対し，通級指導教室への理解を深めてもらうために計画します。

（吉野　晃子）

日程調整を行う

　いつ，どのような形で行えるか，できるだけ早い時期に校内の研究会や研修を担当する立場の教員（教務主任や研究主任，特別支援教育コーディネーター）などと相談しましょう。

　事例対象の子供や保護者に対しても了解をとりましょう。

事例検討会の対象の子供の情報の出し方を決める

　事例検討会といっても，様々な形態が考えられます。

㋐実際の指導場面を見てもらい，その後検討会を行う

㋑指導場面を映像等に残しておき，その後映像を見ながら検討会を行う

㋒実際の指導場面はないが，指導計画や指導案などの資料を見ながら検討
　　会を行う

　校内在籍の子供ですから，多くの教職員はその子供のことを把握していると思われます。どの形で行うか，校内で相談のうえ決めましょう。

事例検討会そのものの形態を決める

　校内研修ですから，比較的自由にいろいろなやり方を試すことができると思われます。特に，GIGAスクール構想の時代ですので，教職員が自分のタブレットを持ち寄って研修することも可能です。

　以下は，研修形態のいくつかの方法例です。

〈個かグループか〉

⑴校内教職員一人一人が自分の意見を表明する

⑵校内教職員でグループをつくり，グループ内での意見をまとめて表明する

※どちらの場合でも，スーパーバイザー的な教職員がいれば，最後に助言をもらうこともできる

〈紙の資料か端末での情報か〉

⑴必要な資料を紙媒体で配付する

⑵資料のデータをパソコンやタブレット端末等の共有フォルダ等に入れる

※タブレット端末を使用する場合は，参加者の意見を端末上に書き込み，全体ですぐに共有することも可能（Teamsやロイロノート等）

〈意見をまとめるかまとめないか〉

⑴KJ法などを用いて，会の中で意見をまとめる

⑵意見は紙あるいは端末内で個々に記入してもらい，会の終了後に通級指導教室担当教師にそれぞれが提出する

※KJ法

　カード状の紙（付箋等）に情報や意見を記し，そのカードを並べ替えたりグルーピングしたりしながら情報や意見を整理する方法

端末等で
各自が手元で情報を見ながら
前面のスクリーンや電子黒板で
共有する

事例検討会のメリットを確認する

　みなさんは，１学期間，通級指導教室担当教師として指導を行ってきました。その間には以下のような悩みや疑問，不安を感じてきたことでしょう。校内のこの検討会で事例を話し，校内の先生方から多面的な意見をもらうことによって，気持ちが軽くなり，かつ新たな見通しがもてるとよいですね。

　事例検討会を行うことによって

- 担当教師の力量が向上する
- 多面的な見方や意見をもらえる
- 校内やチームで指導や支援をしていくというつながりが確認できる

などの多くの効果が生まれます。はじめてのことで緊張もするでしょうが，無理のない範囲で自分の実践を提供してみましょう。

▲この指導でいいのだろうか
▲週に一度では子供のことがよくつかめない
▲通級による指導の成果は表れているの？
▲他の先生たちからはこの子はどう見えるのだろう？

○校内の先生たちに知ってもらって安心した
○校内で自分も子供も支えてもらえるとわかった
○指導のヒントが得られ，指導方法が拡がった

事例検討会の内容を考える

　具体的な指導の方法「どうしたらいいか」を聞きたいところですが，はじめての通級指導教室担当教師であれば，それ以上に子供の見立て「なぜそうなるのか」をこの時期に押さえておきたいものです（実態把握とも言います）。子供の行動には全て意味があります。そして，大人ほどには言葉で自分の感じ方や思いをうまく伝えにくいものです。子供の言動をエピソードとして取り上げ，他の場面ではどうか，それをどう解釈するのか，などに絞って検討するのも内容の一つの在り方です。

〈事例検討会の内容例〉
研修テーマ
　「嫌だ」「やらない」を繰り返す小３男児（Aさん）をどう理解するか

教室での様子
　Aさんは５月半ばから週に一度通級指導教室に通っています。在籍学級では授業中に離席や教室外に出る，言葉より先に手が出る等の不適応行動がみられます。学習参加を促しても「やらん」と意欲を見せません。

各種検査や医療診断結果
　WISC-Ⅳ：FSIQ ○○　VCI ○○　PRI ○○　WMI ○○　PSI ○○（□年実施）
　医療診断：＃１　ADHD（不注意優勢）　＃２　SLD 疑い（□クリニック）

通級指導教室での指導目標
○Aさんの思いを受け止め，否定しない
○自分の気持ちを言葉で伝えられるようにする

※検討したいこと
・Aさんはなぜやろうとしないのか，「嫌だ」「やらない」を繰り返すのか
・Aさんの強みや興味関心は何か
・在籍学級やその他でAさんが参加できた具体例はあるか　…

　例えば，このようなワンポイントの事例を提案したとします。そして，参加者の先生たちには「Aさんをどう理解するか」「具体的な支援のヒント」などについて，p.131で示したような形態で検討してもらい，意見をもらいましょう。

　あらかじめ書き込む様式を作っておいて，そこに記入してもらうなどのやり方も取り組みやすいです。

継続的に開催するために

　今回ほどの大きな会でなくても，年間を通して定期的に事例検討会を継続開催してもらえるとよいと思います。そのためには「開催時間」「参加者」「内容の焦点化」などを図っていくことが必要です。

　最終的には，通級指導教室担当教師と校内の教職員，そして対象の子供と校内の先生方がつながっていくことをめざしていきたいものです。

通級指導教室担当教師研修会への参加

~通級指導教室担当教師としての力をしっかり蓄えよう~

通級による指導の基礎基本として身につけておくべき内容をバランスよく学びます。

（吉野　晃子）

通級指導教室をはじめて担当する教師として

　通級による指導を受ける子供の数は年々増加する傾向にあります。また，共生社会の形成に向けたインクルーシブ教育システムも進められています。子供が，実態に応じた適切な指導や支援を受けられるためには，通常の学級で全ての教育を行うのではなく，通級による指導等多様な学びの場を活用した指導を柔軟に行うことも求められます。

　通級による指導は，個々の障害の状態に応じた「特別の教育課程による特別の指導」（障害による学習上又は生活上の困難を改善又は克服することを目的とする，特別支援学校の「自立活動に相当する指導」を指す）を「特別の指導の場」で行う教育制度です（学校教育法施行規則第140条及び第141条による）。通常の学級における指導と連続性をもちながら，特別な教育課程を組み，個別の指導計画を作成していくことになりますので，幅広い専門性や連携の力が必要となります。

　はじめて通級指導教室を担当するにあたっては，様々な不安な気持ちが生じることでしょう。各行政単位や地域で実施される研修に積極的に参加し，一つ一つ学んでいきましょう。

通級指導教室担当者に求められる専門性とは

　文部科学省の「発達障害を含む障害のある幼児児童生徒に対する教育支援体制整備ガイドライン」（2017）には，通級による指導の担当教師の役割が次のように示されています。

　　○通級による指導を受ける必要のある児童等を早期に発見

　　○通級による指導における児童等への指導

　　○通常の学級の担任と連携した児童等への支援

　　○特別支援教育コーディネーターとの連携

　　○校内委員会への協力

　これらの役割を果たすために必要な専門性について，独立行政法人国立特別支援教育総合研究所では，リーフレットやコアカリキュラム案の中で以下のように述べています。

『「通常の学級と通級による指導の学びの連続性に焦点を当てて」

（独立行政法人国立特別支援教育総合研究所 平成28年度〜平成29年度

基幹研究（横断的研究）特別支援教育における教育課程に関する総合的研究）』

　　○障害特性等の実態把握とアセスメントスキル

　　○通常の学級担任との連携

　　○自立活動，教科の補充指導の指導力

　

『「通級による指導の担当者の専門性に関する研修コアカリキュラム（案）」

（令和２年３月 独立行政法人国立特別支援教育総合研究所）』

　　○児童生徒の指導に関する専門性

　　○担任等の学校関係者に対するコンサルテーションの専門性

　　○保護者への支援や協働に関する専門性

　　○地域における支援体制構築の連携・協働に関する専門性

　　　　独立行政法人国立特別支援教育総合研究所　https://www.nise.go.jp/nc/ より

研修会の内容

　それでは，通級指導教室担当教師研修会の内容について見てみましょう。ここでは，前述の「コアカリキュラム（案）」から抜粋してまとめました。

A概論・基礎知識	B教育的ニーズに応じた指導	C連携・協働
⑴発達障害を取り巻く教育の現状	⑸アセスメントと指導・支援	⑼通常の学級との連携
⑵発達障害の特性の理解と対応	⑹二次的な問題の理解と対応	⑽校内支援体制へのサポート
⑶通級による指導の制度	⑺個別の指導計画の作成・活用	⑾専門家・関係機関との連携
⑷発達過程と発達課題	⑻家族・保護者支援	⑿切れ目のない支援

研修の方法

　研修の方法には，次のようなものがあるとしています。
①伝達型（講義形式，シンポジウム，パネルディスカッション等）
②参加体験型（ワークショップ，グループ協議，実習等）
③課題解決型（事例検討等）
④ e-learning 型（講義動画等）

研修の評価

　研修の評価としては，次の5点が挙げられています。
①アンケート調査（研修後）
②インタビュー調査
③理解度テスト（事前事後に行うことが有効）
④アクションプラン作成
⑤行動観察（所属機関において）

きこえやことばの発達に関する研修

　ここまで，国立特別支援教育総合研究所の発達障害を中心とした研修カリキュラムを見てきました。

　通級指導教室の指導対象には，

- 言語障害者
- 自閉症者
- 情緒障害者
- 弱視者
- 難聴者
- 学習障害者
- 注意欠陥多動性障害者
- その他障害のある者

と明記されています。

　自治体の中には，通級指導教室の中でも特に「ことば」についての発達が気がかりな子供が通う「言語障害通級指導教室」（きこえとことばの教室等）などの名称で設置されている教室もあります。

　構音や吃音，ことばの発達のつまずきなどについては，聴覚言語障害に関する研究会や学会もあり，各地域でも研究会を開催されています。地域の通級指導教室の仲間に尋ねてみてください。

主体的に学ぶ意味

　夏休みは，自分を振り返り，人とつながり，2学期以降の見通しをもてる絶好の機会です。受講者として参加するだけでなく，担当教師同士で事例を持ち寄って学ぶ自主的な研修会も是非企画してみてください。担当教師と忌憚のない意見や情報を交換し合うことで，担当教師同士のつながりが太くなっていきます。事例を簡易にまとめ，他の学校の担当教師と意見を交換してみましょう。きっと得るものがあると思います。

【参考文献】・『「通級による指導の担当者の専門性に関する研修コアカリキュラム（案）～発達障害を中心に～」（令和2年3月独立行政法人国立特別支援教育総合研究所）』

6 校内「特別支援教育」研修の計画
～校内の理解を進めるチャンス！～

夏季休業中にまとまった時間をとり，通級指導教室の意義や実情を知ってもらう機会をつくります。

（吉野　晃子）

日程と内容の計画を立てる

❶日程の確保

　夏休みと言っても，学校や学年部の行事や研修は目白押し。教務主任や研究主任，特別支援教育主任などと相談し，早めに研修の日程を確保してもらいましょう。

　おそらく，特別支援教育や教育相談にかかわる研修はどの学校でも毎年実施されていると思われます。その中に，通級指導教室に関する内容も入れ込んでもらうというやり方もあるでしょう。

❷研修内容の構想

　研修の内容は，およそ次の二つが考えられます。

　㋐特別支援教育に関する校内のテーマに沿って学ぶ研修

　㋑通級指導教室についての理解と連携を図る研修

　いずれも，校内の先生と相談しながら決めていくこととなります。

　㋐の内容であれば，今までの経験や文献，事例などをもとにスライドや資料を作成していきます。

文献や Web サイト等を引用したり参考として紹介したりすることもあると思います。その時は「自分の考え」ではなく「他者の考え」であると区別する必要がありますので，出典を明記しましょう。

　研修の形態等については，「校内・事例検討会の計画」（p.130）でも示していますので参考にしてください。

　研修を行うとなると準備も大変ですし，緊張もします。しかし，校内の先生方に話を聞いてもらうのはとても意義のあることです。最先端の話をしなければなどと思い過ぎず，自分の学びを深めるよい機会を得た，という気持ちでチャレンジしてみてください。

　また，独立行政法人国立特別支援教育総合研究所（NISE）では，特別支援教育の理解を深めるため，インターネットによる講義配信「NISE 学びラボ～特別支援教育 e ラーニング～」を行っています。一つのコンテンツは15～30分程度で，およそ170の講義動画コンテンツがあります。詳細は「NISE 学びラボ」で検索してみてください。

通級指導教室についての理解と連携を図る研修

❶研修の内容

　通級指導教室は，全ての学校に設置されているわけではありません。だからこそ，設置校として通級指導教室についての校内の教職員への理解を図っていくことはとても大切です。

　内容としては次のようなものが考えられます。

1　「通級による指導」とは
2　「通級による指導」の開始と終了について
3　「自立活動」とは
4　今年度の○○小学校　通級指導教室の運営
　・運営目標
　・対象児童や時間割
　・教育相談について
5　実際の指導の様子
6　校内での連携

リーフレットや学期ごとの目標シート，自分のトリセツなど，具体的な資料があるとわかりやすいです。

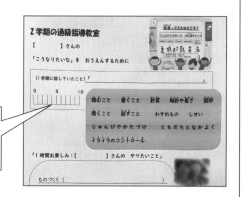

　文部科学省では，令和2年3月に「初めて通級による指導を担当する教師のためのガイド」を作成しています。自身の確認にも，このような校内研修にも活用できる内容となっていますので，一度は目を通しておかれることをおすすめします。

❷いろいろな「つなぐ」

　通級指導教室設置校の教職員であっても通級による指導のことをよく知らない現状があるでしょう。一方で，特別な支援を要する子供が増加傾向にある昨今において，目の前の子供をどのように理解し，支援を組み立ててよいかわからず悩むことは，通級指導教室設置校であろうがなかろうが同じ現状だと思われます。

　研修を実施することは負担もかかりますが，必ず自分自身の糧となります。また，校内の教職員の気づきも促します。

　夏休みという絶好の機会に，是非校内研修を行い，通級指導教室の担当として，いろいろな「つなぐ」のためのきっかけとしてくださいね。

- 子供と担任・校内の先生たちをつなぐ
- 子供と授業をつなぐ
- 子供と学級をつなぐ
- 校内の先生たちと通級指導教室担当教師をつなぐ
- 子供の「今」と「なりたい自分」をつなぐ

---

❸縦の「つながり」

　また，平成30年度から「高等学校における通級による指導」が開始されました。自校通級もあれば地域のセンター的な役割を果たしている高校もあると思います。

　さらに，自治体の中には，幼児を対象にした通級指導教室を設置しているところもあります。このように，「縦のつながり」も今後ますます重要視されていくと思われます。

　校内で研修会を行う際には，是非文部科学省をはじめ，各自治体の最新の情報を確認しておくようにしましょう。

第6章

9～12月
支援の充実，
進路・将来に
向けての支援

ICT を活用した合理的配慮を取り入れたり，
セルフアドボカシーの考えを子供と学んでい
ったりします。

1 指導の記録・評価と 個別の指導計画の見直し
～前期の振り返りをして，後期に備えよう～

前期の振り返り（指導の成果の評価と指導そのものが適切であったかの評価）と
それをもとにした後期の目標設定，手立ての検討を行います。

（山下　公司）

事実をそのまま具体的に記録しよう

　日々の指導の記録を指導のたびに行っておく必要があります。どのような
活動内容を行い，それに対する子供の反応がどうであったかを記録しておき
ます。子供が発した気になる言動なども記録しておきましょう。子供が実際
に書いたものや作品なども資料として残しておくことも重要です。記録の際
に重要なのが，事実を書くということです。子供の言動をもとに勝手に推測
してしまったり，指導者の思いを交えて解釈してしまったりして書かないよ
うにします。

　例えば，提示した課題への取り組みがよくなかった場合，「個別の時間に
プリントを提示したが，その課題が難しかったようで，やりたがらなかっ
た。」というのではなく，「個別の時間にプリントを提示した。『難しい。』
『どうやればいいのか……。』とつぶやき，鉛筆を持たずに5分くらいの時間
が経過した。その間，課題とは関係のない話をしていた。」と事実だけを記
載するとよいでしょう。

　それをもとに解釈することは次の段階です。ケース会議等で，事実をもと
に解釈を進めましょう。そのために，指導の記録の段階では，事実のみを記
録するようにしましょう。

個別の指導計画の見直し

　前期の指導も終わりに近づいた段階で，短期目標についての評価を行います。根拠をもとに，具体的に評価しましょう。どこまで達成できているのか，また，達成できていないことは何かを明確にすることで，後期の目標設定につながります。場合によっては，長期目標も大きく変える必要が出てくる場合があります。その際には，個別の指導計画に縛られることなく，今何が子供にとって必要かを中心に長期目標・短期目標の再検討，再設定を行いましょう。あくまで計画なので，それに固執する必要はありません（かといって，ころころ変わるのも考えものです。その際は，アセスメントが十分ではないと考えるのが妥当かもしれません。再アセスメントを行うことをおすすめします）。

　また，目標に対する評価だけではなく，支援の手立てが適切であったかどうかも評価しましょう。厳しい言い方かもしれませんが，目標が達成できなかったとすれば，それは手立てが不適切であったということです。いかに目標に立派なものを掲げても，それが達成できなければ「絵に描いた餅」です。また，子供の立場に立つと，「一生懸命取り組んだのにできなかった。」「先生がいろいろと手立てを考えてくれたけれど，やっぱり駄目だった。」という思いを抱かせ，失敗体験を積ませることにつながっているかもしれません。

　前期終了時に，自身の指導を振り返る機会を設けましょう。また，後期になる前に個別の指導計画の見直しを保護者や学級担任，関係機関と行い，共通理解を図ったうえで，子供にも改めて目標を確認します。

　ふんどしを締めなおして，よい後期の指導のスタートが切れるようにしたいものです。

【参考文献】
• 笹森洋樹，大城政之『Q&Aと先読みカレンダーで早わかり！通級指導教室運営ガイド』明治図書

ICT を活用したサポートアイデア
自分に合った学び方との出合い

通級指導教室が，自分に合った学び方に出合える大切な場所になるよう，勉強は紙と鉛筆でしかできないものではないことを伝えます。

（平林　ルミ）

自立活動の目標は子供の年齢とともに変わる

　読み書きが苦手な子供への指導は大きく二つの領域に分けられます。①文字の読み書き（低次の読み書き）の習得を目指した指導，②読み書きの制約を別の方法で軽減して学び（高次の読み書き）にアクセスするための方法を身につける指導の二つです。①と②はどちらも重要ですが子供の年齢によって指導の割合を変える必要があります。読み書きと一言で捉えるのではなく次ページの図のように考えましょう。通常の学級のカリキュラムにおいて，文字の読み書きの習得に力点が置かれる小学校１～３年では①に力点を置き，読み書きの目的が情報を得る・自分の考えを表すことに移行する小学校４年生以降では，②の割合を増やしていくことが大切です。では，②の指導とは具体的にはどのようなものでしょうか。

タブレット端末は読み書きが苦手な子供の筆記用具

　タブレット端末は読み書きの道具になります。画面上の文字を音声で読みあげる機能や撮影した写真やタブレット上の情報を大きく拡大して表示する機能は情報のインプット，つまり「読む」活動に使えます。ローマ字入力・

『読み書き障害（ディスレクシア）のある人へのサポート入門』
（河野俊寛・平林ルミ著　読書工房）014ページより転載

　ひらがな五十音入力・フリック入力・音声入力などの様々な方式で文字を入力する機能や写真・手書き・文字を自由に配置できるノート機能で情報のアウトプット，つまり「書く」活動ができます。タブレット端末を筆記用具として使うことによって，文字を目で見て読めなくても情報を得ることができますし，文字が手書きで書けなくてもテストの解答や作文を書くことができます。

通級でタブレットの使い方を学ぶことの意味

　タブレット端末を筆記用具にすることで読み書きが苦手な子供は宿題・授業・テストといった学校の活動に参加しやすくなります。しかし，子供にタブレット端末を渡すだけでよいわけではありません。子供は紙と鉛筆で読み書きすることが当たり前の教室で学んでいるため，それ以外の学び方を知る機会がないのです。「勉強は紙と鉛筆でしかできないものではないよ。」「目で見て読む・手書きする以外にもこんな方法があるよ。」と子供に選択肢を示し，一緒に取り組み，学び方を身につける場が必要です。通級指導教室は子供に学びの選択肢を示すことのできる大切な場所です。

3 ICT を活用したサポートアイデア
タブレットで
らくらく楽しい宿題

ほっとしたり，だらだらしたりできるはずの「おうち」での宿題は，子供に合ったやりやすい形で行えるようにします。

（平林　ルミ）

子供に合わない宿題は親子を疲弊させる

　読み書きが苦手な子供の多くは宿題が苦手です。宿題の多くは紙の教科書やプリント，ドリルとして紙媒体で出されるため，読み書きが苦手な子供には負担が大きく時間がかかります。負担が大きく時間のかかることを子供が家で自発的にやれるかと言えば，それは無理です。

　保護者の視点から考えると，学校の授業は見えませんが，宿題をしている様子は目につきやすいです。「宿題として出されているということは多くの子供が一人で取り組める量と難易度のはず。なんでうちの子はできないのか。なんとかやらせなければ。」そんな力が働くため，心配した保護者がつきっきりになって宿題に取り組んだ結果，親子で疲弊してしまう例があります。

　一方，子供の視点から宿題を見ると，子供は宿題を「やるべきこと」と捉えていることが多いです。宿題が負担になっている様子を見て保護者が「やらなくていいのでは？」と止めても，本人が泣きながら「やらなければいけないからやる」と取り組んだ結果，疲弊してしまう例もあります。

ICT で宿題の負担を軽減させよう

　学校の宿題が負担になっていることがわかると，担任の先生は宿題を減らしたりなくしたりすることがあります。でも，その前にやり方を変えることを通級指導教室の先生から提案してみましょう。音読の宿題をする時には紙の教科書でなく，音声で読み上げることのできる教科書（音声教材や学習者用のデジタル教科書など）を使います。読み上げを単に聞くだけでなく，聞いたものを繰り返して言うシャドーイングをするとよいでしょう。漢字の宿題は，いきなり紙に書こうとするのではなく漢字の書き方がアニメーション表示される教材（iPad では「筆順辞典」，Windows や Chromebook では PowerPoint で動く Microsoft の「小学校で学習する文字の PowerPoint スライド」）で動きを見てから書くと，書くことの負担を軽減できます。

文部科学省の音声教材に関する情報ページ→

「小学校で学習する文字の PowerPoint スライド」活用例

書き方をアニメーションで見る

底　単　巣

パーツを認識　形が似たものと
しやすくする　区別する

宿題を子供が自分の新しい学び方を試す場にしよう

　一般的に宿題の目標は，音読や漢字の宿題を通して読み書きを上達させることにあるのかもしれません。しかし，読み書きが苦手な子供にとって，この目標は合いません。宿題を通して子供が自分に合った学び方を見つけられるように選択肢を示すことが大切です。

4 ICTを活用したサポートアイデア
タブレットでノートテイク

授業中に黒板をノートに書き写すのが大変な子供には，ICT を活用する多様な
学び方を尊重し，子供が自分の学び方を見つけられるようにします。

（平林　ルミ）

板書が苦手

　学校生活の中には多様な形で手書きをする活動が存在しますが，授業中の
板書はその代表的活動です。その中で板書に困難がある状況には多様なバリ
エーションがあります。

　例えば，手書きでノートに書けるけれど字形が整わず自分でも読めない。
書けるけれど時間が足りなくて書き終わらない，書けるけれど極度に疲れる，
書けるけれどその間に話されたことは聞けないなどです。授業中に自分が書
いた字を隣の席の子に見られたくなくて，手で隠しながら書いている，そん
な子もいます。

　このような場合にタブレット PC があれば問題が解決するのではないか，
そんな期待が寄せられます。タブレット PC は写真を撮ったり，文字をキ
ーボードで入力したりできるからです。

タブレット PC でノートテイクをするためのステップ

　「読み書き障害」と大きく言われますが，読み書きの両方が苦手な場合と
読むことには問題がなく書くことだけが苦手な場合があります。読み書きの

困難さは人によって濃淡があり，困難を生じさせている背景も異なります。

　板書のサポートは大きく分けて，①見やすくして書く，②鉛筆以外の方法で書く，③できるだけ少なく書くの三つの方法が役立ちます。①見やすくして書くとは，遠くのものを書き写せない場合にカメラで黒板を撮影し大きく表示させて書く方法が挙げられます。この方法は遠くにあるものだけでなく，細かなものを見て書く際にも有効です。

　物差しや分度器，秤などの小さな目盛りがよく見えない場合や漢字の細部がうまく見えないことが読み書きのバリアになることがあります。②鉛筆以外の方法で書く方法は，カメラで黒板を撮影してノートアプリに貼ることや，ワープロを使うことなどです。③できるだけ少なく書く方法は，たくさん書くと疲れる子供や黒板に書かれた文字の多くが読めない子供に有効です。

　学校の授業で黒板に書かれるのは文字だけではありませんので，①②③を組み合わせて，情報に合わせてノートの取り方を工夫する必要があります。例えば，下図は①②③のアプローチを組み合わせた方法で連絡帳をメモしています。写真に書き込むには iPad ではマークアップ機能，Windows では OneNote や Whiteboard，Chromebook では Jamboard などが便利です。

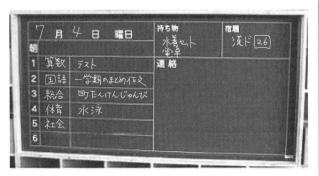

【参考文献】
・河野俊寛，平林ルミ『読み書き障害（ディスレクシア）のある人へのサポート入門』読書工房

5

ICT を活用したサポートアイデア
アクセシブルなテスト

紙と鉛筆によるバリアを軽減し，子供の力を適切に評価するために支援します。

（平林　ルミ）

読み書きが苦手な子供はテストの入口と出口で困っている

　文章を読むのが遅い，読めない漢字がたくさんある，そんな読むことが苦手な子供は学校で実施される紙のテストで問題の内容がわからない（＝テストの内容にアクセスできない）というテストの入口でのバリアを経験しています。また，文字を手書きで書くことが苦手な子供は，テストの解答が頭に浮かんでもそれを書き表すことができません。つまり，テストの出口に大きなバリアがあります。テストという活動への入口と出口でのバリアを軽減するためにどんな工夫ができるでしょうか。

テストの入口に複数の方法を確保しよう

　紙のテストが読みにくい子供へは，二つのアプローチがあります。
　①紙のテストを読みやすくする
　②紙以外の方法でテストをする

　①は文字のフォントを変えること（UD デジタル教科書体などの UD フォントが WindowsPC などに Windows10から標準搭載されるようになりま

した）や，行間を広めにとったり問題文を枠で囲むなどしてレイアウトを工夫をすること，また，テストを印刷する紙の色を白以外の色（薄い緑色や薄い黄色など）にすることで見やすくなる場合があります。見やすさには個人差がありますので，子供の意見を聞きながら調整するとよいでしょう。

　②はテストを電子ファイルで渡したり，アンケートフォームで共有したりすることでテストの内容を音声で読み上げられるようにすることが具体例として挙げられます。①②は学校の先生がテストを作成する中学校の定期テストなどでは用いやすいアプローチですが，小学校で用いられるカラーテストや全国一斉の学力調査，模試などの業者によって作成されるテストでは，元の電子ファイルが手に入らないため個別に調整することができません。その際は，代読（大人が隣で代わりに読むこと）や代読を録音し自分で再生させて聴く等の方法が有効です。タブレット PC を使えば，テストの画像の上に録音データを置いて，塊ごとに再生させることのできるテストが作成できます。詳しくは，筆者作成の Youtube 動画をご覧ください。

出口でのバリア軽減にはテストの形式を変えることも必要になる

　手書きが苦手な子供がテストで解答するためのサポート方法は，①解答方法に手書き以外の方法を用いること，②テストの形式そのものを変更することの二つがあります。①はワープロ解答を認めることが代表例として挙げられます。しかし，数学の数式や作図などワープロ解答ができる解答形式ばかりではありませんので，手書き・ワープロ・代筆を組み合わせる必要があります。②は抜き書きが必要な設問では本文の該当部分を丸で囲む方法を認めたりするルールの変更や，記述問題を選択式問題に替えたり，口頭試問に替えたりするテストの形式の変更が挙げられます。

【参考文献】
• 河野俊寛，平林ルミ『読み書き障害（ディスレクシア）のある人へのサポート入門』読書工房

6 セルフアドボカシー
子どもの権利条約を学ぼう
～だれも奪うことができない大切な権利～

セルフアドボカシーとは「自己権利擁護」（自分の権利を守ること）と訳します。
子供は一人の人間であり，様々な権利をもっていることを知るための指導です。

（三富　貴子）

準備

❶事前の時間調整

　入学してすぐにオリエンテーションの中で行うことが理想です。子供には
様々な家庭環境があるので，扱う内容を慎重に選ぶ必要があります。家庭調
査票等を確認し，状況を把握してから丁寧に指導していきます。

❷用意するもの

○オリジナルワークブック　　　　○子どもの権利条約の絵本

権利を知らない子供が多くいます。
「生きる権利」　　　　「育つ権利」
「守られる権利」　　　「参加する権利」
　この四つの権利を学びながら「子供は大切
に守られる存在である」ということを少しず
つ自覚していきます。

流れ

①子どもの権利条約全文を読み解説する。

②子どもの権利条約四つの原則を説明する。

③第1条から読み進め，大切だと思った部分に付箋を貼る。

④自分にとって大切だと思った権利を10個ピックアップし，自分の考えをワークシートに書き加える。

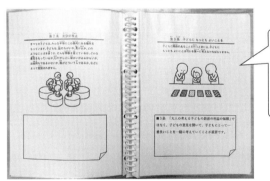

条文ごとに何も書いていない吹き出しを入れています。
条文を勉強してからの自分の思いや意見を自由にメモができるからです。
使い方は人それぞれ。
違っていいのです。

伝えておくこと

- 全ての子供はだれも奪うことができない人間としての権利をもっているということ。
- 子供は大切に守られる存在であるということ。

【参考文献】
- たきれい，はし＠子どもの権利『性の絵本7：子どもの権利条約』（株）キンモクセイ
- 川名はつ子，チャーリー・ノーマン『はじめまして，子どもの権利条約 【改訂版】』東海教育研究所

7 セルフアドボカシー
学びのカルテを作ろう
～合理的配慮を一緒に考えよう～

セルフアドボカシーとは「自己権利擁護」（自分の権利を守る事）と訳します。自分の特性を知り，自分に合った適切な支援を受けられるよう交渉できるようになるための指導です。

（三富　貴子）

準備

❶事前の時間調整

　個別の知能検査等を受けた時，結果の説明を受けていても理解しきれない場合が多いようです。自分自身の得意・不得意を知るためにも検査実施後，合理的配慮を考える時間をとるようにしています。

❷用意するもの

○学びのカルテ　　○ WISC-Ⅳ報告書
○ WISC-Ⅳからわかること（自作教材）

学びのカルテ
・学びを支える法律
・自分の特性を知ろう
・専門家からのアドバイス
・必要とする合理的配慮
・先生にお願いしたいこと
・座席の配慮

流れ

①個別の知能検査等の結果から自分の得意なことを見つける。

②苦手なことへの対処方法を一緒に考える。

③先生にお願いしたいことをまとめ，交渉の練習をする。

④安心できる座席の位置を確認し記録する。

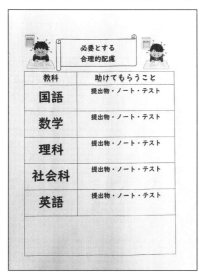

合理的配慮

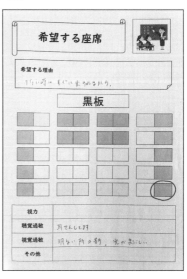

希望する座席

伝えておくこと

- 完成した学びのカルテは担任に見ていただき，協力してほしいこと等を自分から伝えてみよう。
- 教科担当に伝える時に不安なら担任や通級指導教室担当教師に相談しよう。

第7章

1〜3月
みんなで育てる
連携・引継ぎポイント

子供にかかわる全ての人と連携し，来年度か
かわる担当教師への引継ぎを準備していきま
す。

1 指導記録の整理
〜「具体的な事実」と通級指導教室担当教師の「考え」とを分けて整理しよう〜

授業中のメモは，子どもの反応と自分の解釈が混在しています。他の人が見てもわかる指導記録とするために整理します。

（齋藤　弓絵）

具体的な事実

❶子供の反応

　通級指導教室担当教師が「見たこと」「聞いたこと」を中心にまとめます。例えば，カードの並べ方，間違うパターン，集中時間，発言内容などです。

○○年度　○学期　指導記録（通級）				記入日（○年○月○日）		
○○中学校　○年		○○　○○		通級担当　○○　○○		担任　○○　○○
授業日　○曜日・○時間目（週○回）		通級利用：小学校○年○学期〜			サポートファイル	有
実態（学習、行動、対人関係等）			要因（検査結果から、担当の捉え等）			
・否定的な反応をされると、「ぶち切れる」と本人が級友に注意宣告をしている。			・対人関係、感情コントロール等に課題がある。			
検査結果等	WISC-Ⅳ全検査：　　　言語理解：　　　知覚推理：　　　ワーキングメモリー：　　　処理速度： （○年○月、検査機関　○○○）					
長期目標	困ったことや納得いかないことがあった時、自分の思いを伝えることができる。					
短期目標	状況や因果関係を書いて整理し、見て考えることができる。					
学習内容	目的			反応等		
①トーク	自分の思いや考えを相手にわかりやすく伝える			・「お父さんは、シャンプーハットはいらないって言うんじゃないかな」 ・「お風呂で顔を洗うのは、面倒くさい」		
②SST	状況に応じた対応について考えることができる。			・「自分のストッパーは前兆なく切れる」 ・「我慢できなくなると、ダムが決壊した時みたいになる」 　　　↓ T：決壊しないように、どうしたらいい？ 　　　↓		

特に，子供の言動については，そのままを記録します。

❷通級指導教室担当教師の対応

　子供の反応に対し，担当教師が「したこと」をまとめます。例えば，「出来事の因果関係がわかるよう，会話の内容や流れを絵と文字で表現する『コミック会話』で示した」などです。

❸通級指導教室での子供の変化

　通級指導教室担当教師の対応による，子供の変化をまとめます。例えば，「日常生活での出来事を子供自身が『コミック会話』を使って説明できるようになった」などです。

　子供の変化がなかった場合も，その事実を記録しておくと，引継ぎ先での参考になります。

通級指導教室担当教師の考え

　通級指導教室担当教師として，子供の特徴，苦手としていることの背景等，捉えていることをまとめます。例えば，「言葉の説明だけでは場面を理解しづらい。『コミック会話』を使ったら，出来事の時系列，因果関係，相手から見た状況などを見て考えることができる」などです

ポイント

　子供の言動や反応は場面や環境によって違ったり，教員によって捉え方が異なることがあります。だから，「具体的な事実」と「通級指導教室担当教師の考え」を分けて書きます。

2 個別の指導計画の整理
~個別の教育支援計画にもとづいて，
個別の指導計画を整理しよう~

子供や保護者の願いを踏まえ，一貫した指導内容にするために行います。

（齋藤　弓絵）

個別の教育支援計画と個別の指導計画

　個別の指導計画は，個別の教育支援計画の「本人の願い」「保護者の願い」「目標」を踏まえて，作成する必要があります。

個別の教育支援計画

・本人の願い
・保護者の願い

・得意なこと、苦手なこと

・将来を見通した目標
・今年度の目標

・合理的配慮の内容

・関係機関　など

個別の指導計画

・本人の実態

・指導目標

・指導内容

・指導方法

・指導結果　など

個別の教育支援計画に立ち返る

　1年間の授業展開の中で，「これが課題」「こんな力もつけたい」と学習が広がっていることがあります。個別の指導計画の見直しは大切ですが，焦点化していた計画から学習が広がり過ぎると，「つけたい力」が何であったのかを見失ってしまいます。

　個別の教育支援計画に立ち返ることも必要です。

個別の教育支援計画

　保護者に通級での学習成果を伝えつつ，個別の教育支援計画の評価を行います。そして，担任や保護者と課題を共有し，次年度の目標について相談し，仮設定します。確定するのは，4月以降，新しい担任を交えて行います。

個別の指導計画

　個別の指導計画の評価を記入します。

○年度　○学期　個別の指導計画（通級）		記入日（○年○月○日）	
○中学校　○年○組 ○○　○○	通級担当　○○　○○	担任　○○　○○	
授業日　○曜日○時間目（週1回）　通級利用：小学校○年〜		サポートファイル	有

実態（学習、行動、対人関係等）	要因（検査結果から、担当の捉え等）
①読み：音読がたどたどしい。 　（拗長音などの発音がスムースでない） 　黙読の方が意味を理解しやすい。	①音韻認識に弱さがある。 　文字と音の対応　1対2　or　2対1　が△ 　→英単語の読み△

学習内容	目的	支援
②読み	・言葉のまとまり捉えて読む	・デイジー教科書で、文節で切って読む練習をする。 ・内容理解が必要な時は、読み上げ機能を使用する

〈評価〉
・拗長音（例：ちょう）の発音は「ちよう」になる。
・「デイジー教科書を教室の学習でも使いたい」と、自分の希望を伝えることができた。
　教室で、タブレット端末使用ルールを守ることもできている。

3 通級指導終了の手続き
〜次のステップへとつながる通級指導終了にしよう〜

「終わり」は，次のステップの「はじまり」です。通級指導終了後のサポート内容を共有していくために行います。

（齋藤　弓絵）

意向確認

❶学年等

　担任，教科担任，部活顧問等と本人の様子や変化等を共有します。通級指導終了や終了後の支援について話し合い，校内委員会に報告をします。

❷校内委員会

　担任や学年団等の報告を受け，通級指導終了について協議します。委員会の意見を受け，担任・通級指導教室担当教師等が本人・保護者の意向を確認します。

❸保護者

　保護者に通級指導教室での学習成果や日常生活での変化等を伝えます。そのうえで，通級指導終了についても伝えます。

　保護者の気持ちや考え等を聞きます。心配や不安がある場合は，丁寧に話を聞き，納得できるように努めます。また，通級指導教室以外のサポートの現状や今後の支援方法についても話し合います。

校内委員会

保護者面談

本人面談

❹本人

　本人に通級指導の終了を伝えます。終了する意味を一緒に確認するために，できるようになったこと，成長したことなどを振り返ります。教材を示し，その時の本人の言動などを具体的に伝えると，イメージがしやすくなります。

　また，本人の気持ちや考えも言葉で表現できるようにします。成長を自覚し，次のステップへとつながるように努めます。

❺教育委員会等

　通級指導終了の意向が，本人・保護者・学校の三者で確認できたら，教育委員会等へ連絡をします。

　連絡は所属校が行います。巡回指導や他校通級の場合は，情報共有を密にしておきます。

ポイント

　その時点では通級指導終了と判断しても，再開の必要性が生じることがあります。「もう大丈夫」といった表現で終了を伝えることは避けます。必要があれば，教育相談が受けられることを伝えておきます。

4 小学校から中学校へのつなぎ
～安心して中学校入学を迎えられるようにしよう～

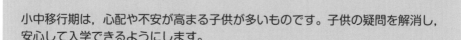

小中移行期は，心配や不安が高まる子供が多いものです。子供の疑問を解消し，安心して入学できるようにします。

（齋藤　弓絵）

小学校　通級指導教室

❶子供の思いを知る

　子供が，中学校に向けて感じていることを知ります。言葉で表現しづらいことは，「気持ちのバロメーター」を使うなど工夫をします。

　また，質問があれば聞きとったり，ワークシートや手紙に書いたりできるようにします。

❷中学校通級指導教室担当教師に連絡をする

　子供の思いを伝えます。質問への回答を依頼します。回答の仕方は，伝言，手紙，ICT 活用等，担当教師同士で相談します。

❸中学校からの回答を伝える

　子供の質問や疑問を解消していきます。不安が強い場合は，顔が見える関係を築いておくと不安が和らぐことがあります。ICT を活用したり，直接会える機会を設定したりします。

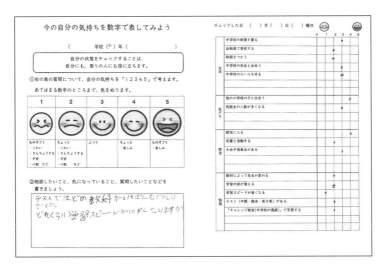

中学校　通級指導教室

❶子供の思いを知る

　入学前の段階で，心配ごと，不安，疑問などを把握するために，小学校通級指導教室担当教師と情報共有します。

❷つながる

　中学校通級指導教室担当教師，入学を控えた小学生の安心感につながっていきます。中学校で通級している子供が，学習の一環として質問に答えたり，中学校の通級指導教室を紹介したりする工夫も考えられます。

ポイント

　小中移行期を安心して過ごせる環境を整えていきます。中学校入学前から子供を理解し，つながりをつくっていくことで，「個別の指導計画」の内容理解が深まり，引継ぎもスムーズにできます。

5 中学校から高等学校への引継ぎ
～サポート体制が整うようにしよう～

子供自身が課題に対処したり，困った時に相談したりできる環境を整えるために行います。

（齋藤　弓絵）

日程調整

❶連絡窓口

中学校の通級指導教室は，学年（担任，進路担当等）と確認し，高校への連絡窓口を一本化しておきます。連絡窓口となった者が，日程を調整します。

❷引継ぎの時期

合格発表後，早い段階で引継ぎを行います。中高連絡会が実施される場合は，その機会に合わせて引継ぎが可能か確認します。高校でクラス編成がなされる前に引継ぎができると，高校側で必要な配慮が検討しやすくなります。

引継ぎ

❶高校の通級指導教室への引継ぎ

高校に通級指導教室が配置されている場合，「個別の指導計画」の内容を通級指導教室担当教師に引継ぎます。授業の流れ，教材，子供の反応等の具体も引継ぎます。また，高校の通級指導教室利用までの手続きについて確認し，本人・保護者に情報提供します。

❷高校への引継ぎ

　集団の中で行ってきた配慮について引継ぎます。特に，対人関係やコミュニケーションなど，生活面での課題や支援方法を具体的に伝えます。

　また，新しい環境やはじめてのことに心配や不安が高まる時期であることを考慮して，引継ぎを行います。中学校卒業時点の様子だけでなく，中学入学時の様子や支援内容も伝えておくと，参考になります。

　中学校卒業までに大きく成長した子供であっても，高校進学後，新たな課題に直面することがあります。何か困ったことがあった時，子供自身が相談できるよう，環境を整えてもらえるようにします。

ポイント

　高校3年間は，自立に向けての大事な時期です。子供自身が，自分に合った方法で対処したり，相談したりできるようになることが大切です。

　進学先でサポートの必要性が理解され，周知されるよう引継ぎます。

6 新担当教師への引継ぎ
～新しい担当教師が仕事の見通しをもてるようにしよう～

担当教師が代わる時，校内に通級指導教室担当経験のある教師がいないこともあります。スムーズに４月をスタートできるように準備をしておきます。

（齋藤　弓絵）

準備

❶書類データの整理

フォルダの名前が，書類名と応じているかチェックします。

担当教師が管理するデータ，教育委員会等へ提出するデータ等は，分けて整理しておくと便利です。また，提出データのフォルダ名には，日付を含ませておくと，年間の流れがデータ上でも把握しやすくなります。

❷スライドデータの整理

同学年の子供や新規に通級する子供への通級指導教室の紹介，教師への通級指導教室の説明などで作成したスライドデータは，使用した時期や対象がわかるようにしておきます。

特に，年度はじめの同学年の子供への説明内容は，テキスト入力しておくと参考になりやすいです。

❸時間割の仮作成

巡回校と訪問曜日の確認をし，時間割を仮作成しておきます。

引継ぎ

❶場所

　通級指導教室で，引継ぎを行います。室内環境，机・椅子の配置，通常の教室からの動線，教材・教具などを，新担当教師が見て確かめられます。

❷内容

　年間の流れを確認しますが，特に，４月当初の動きを中心に引継ぎます。時間割の作成，第１回授業日の連絡方法，１時間の授業の流れ等です。

　全体への通級指導教室の説明方法やタイミング，課題等も引継ぎます。

全体説明の様子

ポイント

　新担当教師にとっては，子供の授業を一巡した頃の方が，確認したいことが明確になってくることがあります。３月の引継ぎで，相談しやすい関係を築いておきます。

＊本書中で紹介している外部へのリンクは刊行当時のものです。

◆特別支援学校学習指導要領等
（文部科学省）

https://www.mext.go.jp/a_menu/shotou/tokubetu/main/1386427.htm

自立活動の指導，また，特別支援学級では各教科においても，障害に応じた特別
の教育課程を編成するために参考とする。

◆障害のある子供の教育支援の手引
（文部科学省）

https://www.mext.go.jp/a_menu/shotou/tokubetu/material/
1340250_00001.htm

子どもの教育的ニーズや就学に向けたプロセス，就学後の支援に関する記載が充
実している。

◆インターネットによる講義配信　NISE 学びラボ
（独立行政法人国立特別支援教育総合研究所）

http://www.nise.go.jp/nc/training_seminar/online

１コンテンツ15〜30分程度の講義をパソコンやタブレット端末スマートフォンで
学ぶことができる。

◆ NISE「特別支援教育リーフ」
（独立行政法人国立特別支援教育総合研究所）

http://www.nise.go.jp/nc/report_material/research_results_publications/
leaf_series

小・中学校等ではじめて特別支援学級や通級による指導を担当する先生に向けて
取り組みのヒントとなる情報がまとめられている。

◆インクル DB　インクルーシブ教育システム構築支援データベース
（独立行政法人国立特別支援教育総合研究所）

http://inclusive.nise.go.jp/?page_id=13

子どもの実態から，どのような基礎的環境整備や合理的配慮が有効かを考える際
に，参考となる事例が紹介されている。

◆知的障害特別支援学級担任のための授業づくりサポートキット
（小学校編）すけっと（Sukett）
（独立行政法人国立特別支援教育総合研究所）

http://www.nise.go.jp/nc/study/others/disability_list/intellectual/sk-basket

国語と算数の授業を中心に，指導計画の作成や教育課程の編成等が学べる。

◆初めて通級による指導を担当する教師のためのガイド
（文部科学省）

https://www.mext.go.jp/a_menu/shotou/tokubetu/material/1414027.htm

通級による指導の実践例（16事例も！）や基本事項・用語まで押さえられる。

◆生徒指導提要（改訂版）
（文部科学省）

https://www.mext.go.jp/a_menu/shotou/seitoshidou/1404008_00001.htm

令和４年12月に改訂され，「多様な背景を持つ児童生徒への生徒指導」という章が
設けられた。クラスにいる配慮が必要な子どもたちへの指導の指針となる。

◆『改訂第３版　障害に応じた通級による指導の手引―解説と Q&A』
（文部科学省編著　海文堂出版）

【執筆者紹介】 ＊執筆順

喜多	好一	東京都江東区立豊洲北小学校統括校長
山下	公司	北海道札幌市立南月寒小学校
伊藤	陽子	宮城県仙台市立八乙女中学校
後藤	清美	東京都世田谷区立船橋小学校
渡辺	智	山梨県甲府市立新紺屋小学校
吉野	晃子	島根県松江市立乃木小学校
金子	彩花	東京都町田市立小山田南小学校
中尾	和人	奈良県大和郡山市立片桐西小学校
平林	ルミ	学びプラネット合同会社
三富	貴子	埼玉県熊谷市立富士見中学校
齋藤	弓絵	兵庫県丹波篠山市立篠山中学校

【編者紹介】
特別支援教育の実践研究会
(とくべつしえんきょういくのじっせんけんきゅうかい)
『特別支援教育の実践情報』(隔月)を刊行している。

喜多　好一（きた　よしかず）
東京都江東区立豊洲北小学校　統括校長
全国特別支援学級・通級指導教室設置学校長協会　会長

〔本文イラスト〕みやびなぎさ

1年の要所がわかる・見通せる
はじめての「通級指導教室」
12か月の花マル仕事術

2023年4月初版第1刷刊　Ⓒ編　者　特別支援教育の実践研究会
　　　　　　　　　　　　　　　喜　多　好　一
　　　　　　　　　　　発行者　藤　原　光　政
　　　　　　　　　　　発行所　明治図書出版株式会社
　　　　　　　　　　　　　　　http://www.meijitosho.co.jp
　　　　　　　　　　　　　　　(企画)佐藤智恵 (校正)nojico
　　　　　　　　　　　〒114-0023　東京都北区滝野川7-46-1
　　　　　　　　　　　振替00160-5-151318　電話03(5907)6703
　　　　　　　　　　　ご注文窓口　電話03(5907)6668
＊検印省略　　　　　組版所　長野印刷商工株式会社

Printed in Japan　　　　　ISBN978-4-18-170238-0
もれなくクーポンがもらえる！読者アンケートはこちらから